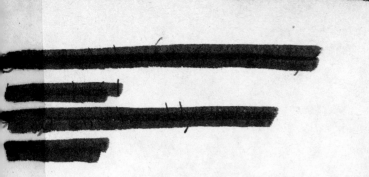

D1388593

LES LAPINS NAINS

Elevage et soins

Julie Keller

LES LAPINS NAINS

Elevage et soins

EDITIONS DE VECCHI S.A.
20, rue de la Trémoille
75008 PARIS

Les photographies dont la provenance n'a pas été précisée nous ont été données par l'Elevage La Casaccia des Frères Gianinetti

Introduction

Depuis qu'il a domestiqué les animaux, l'homme en a toujours privilégié certains qui "d'animaux utilitaires" sont devenus "animaux de compagnie"; leur raison d'être n'était plus de fournir de la nourriture ou de la laine, mais d'offrir et de recevoir l'amour et le réconfort des caresses.

Aujourd'hui, les animaux sont toujours parmi nous, même en ville, et ceux qui leur ouvrent le plus souvent les portes de nos maisons sont les enfants.

Ce grand amour porté par les enfants aux animaux correspond probablement à un certain nombre de besoins:

— *besoin d'amour*: soif d'en recevoir mais aussi d'en donner. Quoi de plus merveilleux à caresser qu'un ours en peluche vivant?

— *besoin de responsabilités*: s'il est responsable d'un animal, l'enfant se sentira à la fois plus mûr et plus sûr de lui. Aucun enfant n'abandonnera jamais un animal qu'il a adopté et dont l'entretien n'est pas au-dessus de son âge;

— *besoin de connaissances*: voir vivre et chérir un animal, est quelque chose de merveilleux. Mais l'enfant veut tout savoir sur ce qu'il aime. Sa curiosité éveillée, il se documentera avec passion sur son animal favori, le comparera avec ceux de ses camarades, aux animaux sauvages, etc. Il apprendra seul, et sans s'en rendre compte, à utiliser son intelligence.

Bien des animaux ont été ainsi adoptés : les chats, les chiens, les oiseaux, et plus récemment les tortues et les petits rongeurs.

Le lapin nain est un nouveau venu dans la famille des animaux de compagnie. Ce délicieux animal est aussi joli et attendrissant qu'un papier de nursery. Vif, intelligent, curieux, sociable, c'est un merveilleux compagnon de jeux. Il s'adapte à toutes les situations puisqu'on peut l'élever aussi bien dans un appartement où il prend très peu de place, que dans une maison à la campagne. Enfin, son entretien est à la fois simple et économique, à condition toutefois de prendre un certain nombre de précautions sur lesquelles nous insisterons.

Ce livre a été écrit pour vous aider à prendre soin de votre compagnon, mais aussi pour vous parler un peu plus longuement des lapins, de leur histoire, de leurs particularités. Un lapin nain vit environ sept ans. Si ce livre peut contribuer à écarter les nuages pendant ces sept années de vie commune, l'auteur estimera avoir atteint son but.

Histoire de la domestication du lapin

Depuis plusieurs milliers d'années, les lapins vivent aussi bien en Europe (*oryctolagus cuniculus huxleyi*) qu'en Amérique (*oryctolagus cuniculus sylvilagus*).

Cependant, l'histoire de ses rapports avec l'homme débute autour de la Méditerranée : en Afrique du Nord, aux Baléares, surtout dans la Péninsule Ibérique, où les lapins étaient si nombreux que l'Espagne lui doit son nom : les Phéniciens en effet baptisèrent ce pays "Schephania", c'est-à-dire "Terre à lapins". Le nom devint peu à peu "Sche spanya" puis "España".

Les Romains, ayant colonisé l'Espagne, tentèrent de garder quelques lièvres dans des enclos appelés *leporarium*. Mais les lièvres trop fragiles supportaient mal la captivité et mouraient en trop grand nombre. Les fermiers romains capturèrent alors des lapins sauvages qui eux s'adaptèrent remarquablement bien et se mirent à pulluler.

Dans ce mode d'élevage, les lapins restaient des animaux sauvages libres de s'accoupler comme ils le voulaient. L'usage survécut à la chute de l'empire romain et se répandit en France. C'est à des moines du Sud de la France, plus poussés par la gourmandise que par l'amour des bêtes, que nous devons la véritable domestication du lapin : ils appréciaient beaucoup

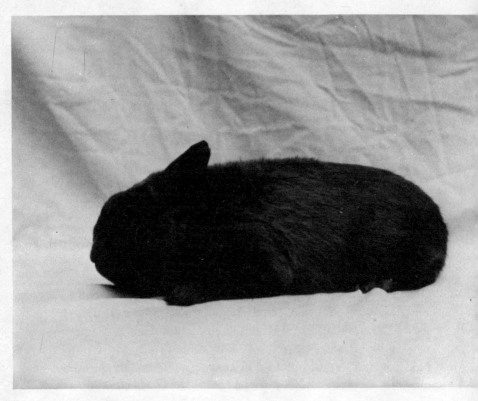

Lapin nain de couleur: martre bleu

la chair des embryons de lapin, qu'ils consommaient lors du Carême et des autres périodes de jeûne, car ce mets n'était pas considéré comme "viande". Pour pouvoir disposer plus commodément de ce plat raffiné, ils se donnèrent la peine d'apprivoiser les lapins, de leur faire quitter leurs terriers pour des cages où leur reproduction put être mieux contrôlée.

Les différentes races de lapins, caractérisées par les couleurs du pelage (blanc, jaune, noir, bleu, moucheté, etc.) et par la taille apparurent par sélection au XVIIe siècle.

Les méthodes d'élevage sont perfectionnées au XVIIIe siècle par Fréderic II de Prusse, qui sut apprécier la valeur marchande des lapins, en particulier de leur peau.

Puis l'élevage du lapin fut une affaire familiale, bien développée en particulier dans le Nord et dans l'Est de la France, où les mineurs, pour nourrir leurs familles avec un seul animal, s'attachèrent à créer des races d'énormes lapins.

L'élevage du lapin bénéficie maintenant des nouvelles connaissances en matière de zoologie, de biologie, et surtout de génétique. Plus de cinquante races ont été créées par sélection, certaines pour produire de la viande, d'autres du poil, et d'autres, comme les lapins nains, pour l'agrément.

L'apparition du lapin nain

Par quels mécanismes est-on arrivé de cet animal uniformément gris, le lapin sauvage, à des animaux d'apparence si variée? Uniquement en favorisant la reproduction des mutants.

Si deux animaux de race pure s'accouplent, leurs descendants présenteront exactement les mêmes caractéristiques que leurs parents. Ainsi, des lapins de garenne, gris et petits, ne peuvent naître que de nouveaux, petits et gris lapins de garenne. D'où la persistance des caractères d'une race ou d'une espèce à travers les siècles.

La seule exception à cette règle est la mutation: il s'agit d'un changement très limité de la structure de l'ADN, cette molécule très complexe qui se trouve sous forme de chromosomes dans le noyau de toute cellule et qui caractérise chaque race et chaque individu. La plupart du temps, la mutation ne provoque aucun changement visible et la descendance est semblable aux parents. Si un changement apparaît, il s'agit le plus souvent d'avortements. Troisième possibilité : des mutants viables apparaissent : ils sont semblables à leurs parents, sauf par un détail : la production hépatique de telle ou telle molécule, la solidité de leurs ongles, la longueur de leurs oreilles ou la couleur de leur pelage...

L'avenir de la variation apparue dépend du milieu : si le mutant est moins adapté que ses parents, il meurt plus vite; s'il l'est plus, il survit plus longtemps, et a ainsi plus de chances de procréer. Ses descendants, s'ils portent la même modification, seront aussi plus adaptés, donc auront plus de chances de procréer, etc., et peu à peu la population mutante remplace la population originelle. C'est ainsi que les races se modifient lentement, qu'à partir du même petit mammifère sont apparus dans les plaines les chevaux, dans les marais les hippopotames et dans les forêts les singes.

Or qu'arrive-t-il aux mutants des lapins sauvages? Si leurs poils sont d'une autre couleur que le gris, ils sont moins camouflés, plus facilement repérés par les prédateurs. Ils n'ont aucune chance de survie.

Dans les élevages, le taux de mutation n'est pas plus élevé. Mais les lapins ne dépendent plus de la nature pour survivre. Les nouvelles couleurs, ou d'autres modifications (taille, forme des oreilles) peuvent se transmettre, de génération en génération. En croisant entre eux les mutants, on obtient des animaux ne possédant aucun gène sauvage, et une nouvelle race est créée. Au sein de cette race peut apparaître une nouvelle mutation, etc.

L'apparition de nouvelles races est parfois très aléatoire. Elle dépend alors de la curiosité et de la patience de l'éleveur. Une race récente, *le rex*, a été créée au début de ce siècle par un éleveur qui avait vu naître simultanément deux lapins à poils très courts, par chance, de sexe opposé.

L'histoire du lapin nain débute par la création de l'*hermine*,

Hermine

lapin nain albinos. Ce lapin a été créé en Angleterre, à partir du croisement entre une petite race, le *polonais*, et diverses races anglaises également petites. Les premiers exemples connus ont été présentés au public en 1915.

Puis l'histoire du lapin nain passe la Manche. Ce sont les Hollandais qui, poursuivant les croisements entre hermines et différents lapins colorés, aboutirent à une race désormais fixée, le lapin nain. Il n'y a pas plus de trente ans de cela. Une telle émulation a saisi les éleveurs que les nouvelles variétés sont chaque année plus nombreuses. On connaissait les *nains chinchillas*, les *nains garennes*, etc..., voici venir des animaux plus surprenants, tels le *nain bélier* (voir le chapitre "variétés"). Enfin des éleveurs, poussant de plus en plus loin la miniaturisation, parviennent à faire naître de merveilleux petits animaux de moins de cinq cent grammes à la taille adulte. Que nous réserve l'avenir?

Anatomie et physiologie du lapin

Dans ce chapitre, nous aborderons surtout les aspects caractérisant le lapin par rapport aux autres animaux.

La digestion

Le premier organe de la digestion est la bouche. Les incisives ont pour rôle de sectionner les aliments, les molaires de les malaxer, les glandes salivaires de les imprégner de salive.

Les aliments parcourent ensuite l'œsophage et pénètrent dans l'estomac. Le suc gastrique, très acide, dissout les aliments, les contractions du muscle gastrique achèvent de les broyer. L'estomac est toujours plein d'aliments, quelle que soit l'heure.

Le bol alimentaire se retrouve dans l'intestin grêle. Composé du duodénum, puis du jéjuno-iléon, l'intestin grêle est environ dix fois plus long que le corps du lapin. Les sucs biliaires et pancréatiques viennent s'y déverser et achèvent de dissoudre les aliments. C'est dans l'intestin grêle qu'a lieu la majeure partie de l'absorption du sucre, des matières grasses, des acides aminés, etc. Pour que ce système fonctionne convenablement, il faut que les aliments soient très mouillés, d'où l'importance de l'eau à volonté dans la ration alimentaire du lapin.

A l'issue de l'intestin grêle, le bol pénètre dans le cæcum. Il s'agit d'un organe-réservoir, en forme de sac appendu au tube digestif, et dont le volume représente le tiers du volume total du tube digestif. Les aliments y séjournent assez longtemps et sont soumis à l'action de bactéries qui régénèrent les aliments en y augmentant le taux de vitamine B et de matières azotées. Mais ces nouveaux principes nutritifs ne sont pas absorbés par le sang.

Les aliments empruntent alors le côlon ou gros intestin. Le côlon est divisé en deux parties. Il fonctionne de deux façons différentes selon la nature des aliments qui lui arrivent, et aussi, probablement, selon l'heure.

Dans le cas des aliments tout juste modifiés par les bactéries du cæcum, la première partie du côlon ne fonctionne pas. La deuxième enveloppe les aliments de glaire.

Ce que le lapin émet alors, ce sont les crottes molles, ou *cæcotrophes*, blanches, rondes et entourées de mucus. Elles sont excrétées le matin.

Si nul bruit ne le dérange, le lapin cueille les crottes molles sur son propre anus, ou ramasse celles tombées à terre, et les avale. Elles traversent la bouche sans être mastiquées et séjournent un long moment dans l'estomac avant d'être mélangées aux autres aliments. Elles suivent alors le même trajet que précédemment.

Lorsqu'elles arrivent à nouveau dans le gros intestin (digestion nocturne), celui-ci fonctionne de façon différente. Sa première partie est fonctionnelle et termine le travail de réabsorption commencé par l'intestin grêle. La deuxième

16

Lapin nain de couleur (*document: La Revue Avicole*)

partie absorbe l'eau et les sels minéraux compris dans les matières fécales. Puis le lapin émet ses crottes de finition, les crottes dures, qui sont nocturnes. Comme le lapin passe une grande partie de sa nuit à manger, c'est autour de la mangeoire que l'on retrouve ces crottes dures.

Ce phénomène de double digestion (ou *pseudo-rumination*) est propre au lapin. Il a une grande importance, pas tellement au point de vue quantitatif (car il ne permet de récupérer au maximum que 8 % de la valeur calorique de la nourriture absorbée), mais plutôt qualitatif: c'est la seule façon possible pour le lapin d'absorber de la vitamine B si

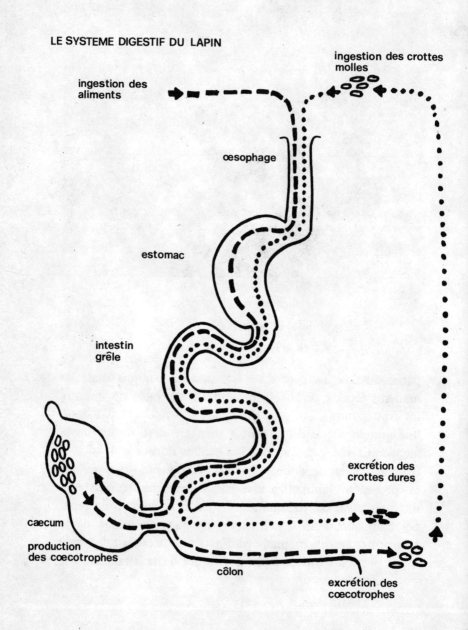

LE SYSTEME DIGESTIF DU LAPIN

ingestion des crottes
molles

ingestion des
aliments

œsophage

estomac

intestin
grêle

excrétion des
crottes dures

caecum

production
des cœcotrophes

côlon

excrétion des
cœcotrophes

on ne lui en fournit pas un supplément dans sa ration. Le stade de réabsorption des cœcotrophes est court. Il est très important qu'à ce moment l'animal ne soit dérangé par aucun bruit, sinon il n'absorbera pas ses crottes molles. Dans ce cas, il risque diverses maladies : paralysie, entérites, entérotoxémies, etc.

La coprophagie débute à l'âge de trois semaines chez le jeune.

Le poil

Chez le lapin nain, il est relativement court par rapport à celui des autres lapins, ce qui donne au pelage un aspect plus ras. Comme chez tous les lapins, il est imprégné des sécrétions de glandes sébacées situées dans l'épaisseur de la peau, ce qui lui donne un aspect plus doux.

Le pelage est composé de trois sortes de poils : la bourre, le poil intermédiaire, et le poil définitif, ou jarre. Ils sont présents en quantité variable selon l'âge du lapin. Ainsi un lapin de six mois porte 90 % de bourre, 8 % de poil intermédiaire et 2 % de poil définitif. Un lapin de trois ans porte 41 % de bourre, 34 % de poil intermédiaire et 25 % de poil définitif. La bourre est plus courte et plus élastique que le poil intermédiaire, qui l'est, lui aussi, plus que le poil définitif.

C'est pourquoi le pelage des jeunes est plus doux et plus soyeux que celui des adultes.

Le poil définitif n'est pas toujours de la même couleur que la bourre ; parfois les deux extrémités du poil n'ont pas la même couleur. C'est pourquoi chez certains lapins la couleur extérieure n'est pas la même que celle que l'on voit en écartant doucement les poils (la sous-couleur).

Les lapins muent régulièrement. On s'en aperçoit à leur peau qui semble élimée par endroits, aux poils des cuisses et des flancs qui se détachent facilement, aux poils qui jonchent le sol de la cage. Les lapins sont alors plus fatigués que d'habitude et plus sujets aux maladies. La période de mue survient généralement en automme et dure d'un mois à un mois et demi.

Les sens

La vue

Le lapin a trois paires de paupières : deux sont verticales, extérieures et recouvertes de poils. Une est horizontale, située sous les deux autres et sans poils ; elle ne recouvre que le tiers intérieur de l'œil.

Les yeux sont très latéraux, et le lapin voit probablement assez mal. Par exemple, il est probable qu'il ne distingue pas les couleurs et qu'il n'a qu'une vision en noir et blanc.

Le toucher

Il est, par contre, très précis ; il est exercé par les poils de moustache.

L'ouïe

Par rapport au reste du corps, les oreilles du lapin nain sont

Siamois nain (martre jaune)

moins grandes, donc moins sensibles que celles des autres lapins. Elles sont quand même extrêmement efficaces: elles forment un grand cornet où les sons se répercutent et s'amplifient; elles sont mobiles et peuvent s'orienter dans la direction du bruit.

L'ouïe est un sens très important chez le lapin qui se montre particulièrement craintif et sensible aux bruits inconnus et terrifiants.

L'odorat

Le lapin renifle sans arrêt: son nez peut effectuer jusqu'à 150 mouvements par minute!

L'odorat est un sens extrêmement utile au lapin: c'est en reniflant qu'il reconnaît les plantes toxiques de celles qui sont comestibles. L'odorat a également une grande importance sociale: c'est grâce à lui que mâles et femelles se reconnaissent et s'attirent, que mères et petits se retrouvent, que les lapins domestiques reconnaissent la personne qui s'occupe d'eux, que chaque famille marque et reconnaît son territoire.

Les glandes anales et sous-mentonnières

Ces deux espèces de glandes ont la même fonction: elles sécrètent un liquide dont l'odeur est propre à chaque individu. Chez les lapins sauvages qui vivent en petits groupes familiaux, les sécrétions se mélangent et il se forme une odeur propre au groupe.

Les mâles ont des glandes plus développées que celles des femelles. Il y a également une hiérarchie parmi les mâles: les plus forts ont des glandes plus développées.

Chez les lapins sauvages, le marquage du territoire est donc le fait des mâles les plus dominateurs. Ils le font soit en frottant leur menton aux objets, soit en déféquant. Sur le territoire d'un groupe, on trouve deux sortes d'excréments: les uns, éparpillés, sont le simple produit de la digestion; d'autres groupés en petits tas sont chargés d'odeur et servent de bornes.

Hotot. Remarquez le cercle noir autour de l'œil, caractéristique de la race

Les membres du groupe se marquent mutuellement. Les mâles urinent sur les femelles qu'ils s'apprêtent à saillir, ou sur les jeunes qui se joignent au groupe; la mère urine sur ses petits: au bout de quelques jours une mère acceptera d'allaiter ses petits, éventuellement ceux d'une autre femelle du groupe, mais aucun autre. C'est pourquoi si on veut transférer des nouveau-nés de leur mère à une nourrice, il faut le faire le plus vite possible après la naissance pour que les petits ne s'imprégnent pas de l'odeur maternelle.

Le marquage du territoire et des membres du groupe entre eux correspond à un double but:

— éloigner les intrus;
— rassurer les membres du groupe.

La bouche

"Premier élément du tube digestif", la bouche a pour mission de couper et de broyer les aliments en fragments utilisables.

Chez le lapin, la lèvre supérieure est fendue jusqu'aux narines (bec de lièvre).

Les lapins (qui forment avec les lièvres la famille des *lagomorphes*) diffèrent des rongeurs par un certain nombre de détails, parmi lesquels le nombre de dents:

— *la mâchoire supérieure* comprend deux paires d'incisives. La première paire est antérieure: les dents sont grandes, cannelées. La deuxième paire, placée en arrière de la première, est très peu développée; elle ne sert pas à la mastication. La partie de la mâchoire située en arrière des incisives ne porte pas de dents; il s'agit de la "barre". Enfin, la partie la plus profonde de la denture est formée de six paires de molaires.

— *la mâchoire inférieure* a la même disposition; mais il n'y a qu'une paire d'incisives et cinq paires de molaires. Les dents du lapin, comme celles des rongeurs, n'ont pas de racines et poussent continuellement. Les animaux doivent les user en rongeant toujours quelque chose. Le fourrage et les branchages suffisent, mais chez les lapins domestiques nourris de granulés, l'usure des dents est parfois plus problématique. C'est pourquoi il est indispensable qu'ils aient toujours à disposition un morceau de bois à ronger (voir le chapitre "hygiène et soins").

L'achat

Comment êtrè sûr que l'animal que l'on achète est bien un nain et non un lapereau? Contrairement à ce que l'on pourrait penser, on peut faire la différence relativement facilement; la race des nains répond en effet à des caractéristiques très précises, tant pour la race et le poids, bien sûr, que pour la morphologie: le nain a une silhouette plus ramassée que celle du lapin de taille normale.

Il faut particulièrement étudier:

— le poids: de 1000 à 1250 grammes chez l'adulte;

— la taille: de 20 cm environ;

— le corps: court et trapu; l'avant semble aussi large que l'arrière;

— les pattes: courtes et fines. Les ongles sont de couleur assortie au pelage;

— le cou: très court, semble inexistant, si bien que la tête paraît posée directement sur le corps;

— les yeux: très grands et proéminents;

— les oreilles: fines et droites, sont serrées l'une contre l'autre sur toute leur hauteur. Elles ne doivent pas dépasser six centimètres de long;

— la fourrure: dense, fine et courte.

Toutes les couleurs sont admises, ce qui ne veut pas dire

que toutes puissent être rencontrées puisque les éleveurs n'ont pas encore réussi à fixer en taille naine toutes les variétés connues de lapins de taille normale (voir le chapitre "variétés").

Observez les animaux de loin pour ne pas les déranger. Celui que vous choisirez ne doit pas rester isolé dans un coin de la cage, mais jouer avec les autres. Ensuite approchez-vous doucement et prenez les lapins un par un entre vos mains; si l'un d'entre eux vous mord, ne l'achetez pas.

Un animal en bonne santé a le poil brillant et doux, l'œil vif, le nez et les mâchoires en constante activité. Photogra-

Lapin nain russe (*document: La Revue Avicole*)

phiez mentalement la silhouette d'un lapin nain, et vérifiez bien que celui que vous allez acheter a la même allure trapue; éliminez en particulier les pattes trop courtes ou les crânes trop allongés.

Les marchands d'animaux vendent la plupart du temps des animaux jeunes, à partir de deux mois. Parfois, ils vendent aussi des adultes; prenez garde dans ce cas que l'animal ne soit pas trop âgé.

Le plus souvent les animaux ne sont pas vaccinés, mais si le vendeur prétend que si, exigez un certificat. En général, seul les animaux de race pure destinés aux expositions sont tatoués. Dans ce cas, un pedigree est délivré avec l'animal.

Les variétés

Le lapin nain est apparu il y a une trentaine d'années seulement. Mais sa faveur a rapidement été très importante. Les éleveurs fascinés par ce charmant petit compagnon ont multiplié les croisements, dans l'espoir d'obtenir, en taille naine, le plus grand nombre possible de variétés actuellement décrites chez les lapins normaux. Ils y sont très bien parvenus puisque, selon les standards officiels, "toutes les couleurs connues et officialisées chez le lapin sont admises" dans les concours.

C'est ainsi que l'on a vu apparaître des nains argentés, des nains flamboyants, et même cet animal étrange, pur produit de la sélection, le *lapin bélier nain*, c'est-à-dire un lapin nain dont les oreilles pendent. Toutes les variétés ne sont pas encore fixées, loin de là, et de beaux jours s'annoncent encore pour les éleveurs bricoleurs.

Le lapin nain que nous appelerons "commun" présente donc toutes les possibilités de couleurs possibles : blanc, gris, brun, tacheté, etc. La descendance de ces lapins demeure naine, évidemment, puisque ce caractère-ci est fixé, mais peut être très différente des parents quant à la couleur du pelage. Cependant, il existe un très grand nombre de lapins dont le pelage répond aux descriptions officielles

Chinchilla, lapin nain de couleur

des différentes races, et qui transmettent ce caractère à leur descendance. Voici les principaux coloris rencontrés.

Le chinchilla

Son pelage est de la même couleur sur toute la surface du corps, oreilles, pattes et museau compris. Il est gris cendré avec des reflets bleuâtres et des nuances noires. La sous-couleur est bleue foncée, la couleur intermédiaire est blanche chez les chinchillas de taille normale, mais le plus souvent délavée chez le chinchilla nain. La poitrine est souvent plus claire que le reste du pelage.

Le noir

Son pelage est d'un noir brillant, uniforme sur toute la surface du corps. La sous-couleur est bleue foncée. Il s'agit d'une couleur très répandue chez les nains.

Le garenne

Cette variété est très rare; on la trouve surtout en Hollande. Le dos du corps est gris plus ou moins foncé, le dessous de la queue, le ventre et l'intérieur des pattes s'éclaircissent progressivement jusqu'à devenir presque blancs. Des bandes claires peuvent être observées sur les pattes.

Le bleu

Il s'agit également d'une teinte assez rare pour des nains. Le pelage varie entre le bleu foncé et le bleu clair, tout en restant assez brillant. Le ventre est plus mat.

Le russe

Cette variété est très fréquente. Les russes sont blancs, sauf les oreilles, le museau, les pattes et la queue, qui sont, selon les types, soit noirs soit bleus. Les yeux sont rouges.

L'hermine

Il s'agit d'une des premières variétés de nains obtenues, elle est donc fréquente. Les hermines sont des lapins albinos, donc intégralement blancs, avec des yeux rouges et des ongles incolores.
Il existe également des hermines dits "saxons" dont les yeux sont bleus.

Hermine aux yeux bleus, ce qui est très rare

Le chamois de Thuringe

L'ensemble de la robe est brun-jaune, comme un chamois (comme son nom l'indique) sauf le ventre, les oreilles, les pattes, le dessus du nez, le pourtour des yeux et des mâchoires, qui sont beaucoup plus sombres, "comme si elles étaient recouvertes d'un voile de suie" selon la description traditionnelle. La limite entre les différentes zones de coloration est floue.

Les martres

Le pelage des martres est unicolore mais plus ou moins foncé selon les endroits. La teinte superficielle s'éclaircit progressivement du dos au flanc. Le dessus du nez, les oreilles, les pattes et la queue sont plus foncés. Le ventre, les joues et le poitrail sont plus clairs. La sous-couleur doit être assortie à la couleur de superficie.

Il existe trois sortes de martres, les marrons, les bleus et les jaunes :

— le martre marron est fréquent. Il ressemble beaucoup au noir quand il est très foncé ;

— le martre bleu est plus rare. Il est souvent tacheté. Si sa robe est foncée, on peut le prendre pour un nain bleu ;

— le martre jaune est aussi appelé "chamois nain". Il est assez rare. La différence entre les différentes zones de coloration est assez marquée, surtout entre le dos et le ventre.

Hermine

Le havane

Le pelage est homogène, marron foncé au dessus, bleu en dessous. Les yeux sont marron; les griffes foncées.

Le rex nain

Cette variété, de couleur généralement, blanche, présente des poils extrêmement courts, un peu comme ceux des castors. Elle est de création très récente.

Le logement

Le logement n'est absolument pas un problème, à condition de respecter un certain nombre de règles simples mais rigoureuses, ceci quelque soit le type d'habitat que vous comptez offrir à votre lapin.

L'environnement

Evitez :
— les températures extrêmes,
— l'excès d'humidité comme l'excès de sécheresse,
— le bruit et l'agitation,
— les courants d'air,
— les rayons directs du soleil,
— l'absence de lumière,
— si le lapin est installé dehors, l'exposition à la pluie et au très mauvais temps.
(Ces conditions, exposées l'une à la suite de l'autre, peuvent sembler très contraignantes. En fait, elles ne sont pas si difficiles à respecter et n'importe quel appartement moderne offre au moins une dizaine de coins à l'abri de tous ces maux.)

L'hygiène

La condition sine qua non de survie du lapin! Le logement
doit être inspecté régulièrement, les urines doivent être vi-
déés tous les jours et la litière changée (mais n'ôtez pas les
crottes molles du matin: voir le chapitre "alimentation").
Si les chiffons ou les jouets vous semblent sales, lavez-les
ou changez-les. Si le lapin habite une caisse en carton qui
commence à s'imprégner d'urine, changez-la. Vous pouvez

Lapin nain gris

40

assainir le plancher de la cage et lutter contre d'éventuelles mauvaises odeurs en répandant une poignée de super phosphates sur le sol une fois par semaine. Enfin, lavez et désinfectez les cages à chaque fois que vous en changez les occupants.

L'isolement

Si vous possédez des lapins de sexe différent et si vous ne tenez pas à voir votre maison envahie de lapins nains, n'oubliez pas de séparer les mâles et les femelles!
Ces précautions prises, faisons-nous architectes: quel type d'habitation donner au lapin? Selon vos goûts, l'endroit où vous habitez, le nombre de lapins que vous possédez, trois solutions sont envisageables: la cage du lapin d'appartement, le terrarium, la résidence à l'extérieur.

LA CAGE DU LAPIN D'APPARTEMENT

Ce lapin est apprécié par sa présence, mais doit gêner le moins possible. S'il est autorisé à trottiner où bon lui semble, il n'a besoin que d'un espace relativement restreint, d'une chambre à coucher: la cage.

Les dimensions

La cage doit occuper une surface d'au moins 50 x 50 cm. Cet espace convient à un lapin seul. Il doit être doublé pour une lapine et ses petits. Si plusieurs adultes cohabitent, il doit être multiplié par le nombre d'animaux présents dans la cage.

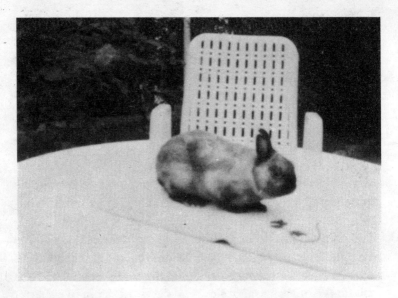

Lapin nain siamois, femelle, appartenant à l'élevage de M. Gallois

La hauteur des côtés doit être de 50 cm au moins, ce qui dispense de couvercle, à moins que l'animal ne soit un bon sauteur. Si vous jugez ce couvercle indispensable, faites en sorte qu'il soit bien perméable à l'air et à la lumière.

Le matériau

Il existe dans le commerce des cages toutes faites aux dimensions convenables. Vous pouvez également acheter ou confectionner vous-même une cage en bois. Enfin, une simple caisse de carton ramassée à la sortie d'un magasin peut convenir, à condition d'être changée au fur et à mesure que le lapin la ronge.

Ce qu'il faut y mettre

Sur le sol, vous disposerez un bac ou une caisse en plastique, semblable à ceux utilisés pour les chats: le fond est garni d'une claie et la claie est recouverte soit de paille, soit de lambeaux de vieux journaux, soit de litière à chat achetée dans le commerce: les fibres absorbent liquides et odeurs; la claie permet de recueillir l'urine, ce qui rend le nettoyage plus facile.

Rappelons qu'il faut absolument vider le bac et changer la litière au moins tous les deux jours.

Un petit morceau de tissu *non synthétique* où le lapin se roulera fera un agréable nid. Vous pouvez parfaire cet habitat en couvrant le sol d'une petite chute de moquette: le lapin, qui aime son confort, appréciera.

L'état de propreté du nid et du revêtement du sol doivent également être surveillés de près. Mais un animal normal ne les souillera pas, sauf maladie, rut ou trouble psychologique.

Il ne reste plus qu'à disposer dans un coin la mangeoire et le récipient pour l'eau.

Où la mettre

Cette cage une fois prête sera mise par terre dans un coin tranquille de l'appartement. Bien sûr, vous la déplacerez le moins souvent possible, sous peine de désorienter et de perturber votre lapin.

Le terrarium

Le terrarium est une caisse vitrée remplie de terre, qui re-produit le plus fidèlement possible les conditions de vie naturelles du lapin: il y vit de façon autonome, s'organise dans le territoire qui lui appartient (sur et sous la surface!), choisit ses coins préférés pour dormir, manger, jouer... Quoi de plus merveilleux pour le lapin? Et quoi de plus passionnant pour l'amateur de sciences naturelles? Cependant, celui-ci devra d'abord se transformer en bricoleur: il n'y a pas de terrarium tout fait dans le commerce.

Les dimensions

La surface doit être de deux mètres carrés au moins pour chaque lapin.
Vous laisserez à votre lapin une profondeur de terre d'au moins cinquante centimètres pour qu'il puisse y creuser ses tunnels. La hauteur des côtés sera, comme celle de la cage, de cinquante centimètres, ce qui fait que la hauteur totale du terrarium doit être d'au moins un mètre.

La construction

Selon ce dont vous disposez, vous construirez le terrarium soit en bois soit en métal.
Le plus important est de drainer le sol pour éviter l'excès d'humidité, qu'il s'agisse de l'urine du lapin ou de l'eau que vous apporterez: quelque soit le matériau dont est fait le plancher, il faudra le percer d'une vingtaine de petits trous. Le plancher sera surélevé par rapport au sol: il suffit de placer le terrarium sur des cales ou d'y fixer des pieds.

La partie inférieure du terrarium est remplie de terre: il n'est donc pas nécessaire qu'elle soit vitrée: il y a hélas très peu de chances pour qu'un lapin exhibitionniste décide d'établir son terrier contre la vitre! Donc n'importe quelle cloison fera l'affaire.

La partie supérieure des murs, par contre, doit permettre l'observation et le passage de la lumière: il est donc indispensable qu'au moins une des cloisons soit vitrée: vous fixerez le verre aux côtés soit à l'aide de mastic, soit en le faisant coulisser dans une rainure.

Enfin, vous pourrez décider ou non de mettre un couvercle. Si oui, n'oubliez pas qu'il est primordial d'assurer une bonne circulation de l'air. Le mieux est donc de fixer un grillage à mailles moyennes (quelques centimètres) sur un chassis amovible, attaché aux murs du terrarium par des crochets.

Le remplissage du terrarium

Commencez par disposer une couche de drainage: environ cinq centimètres de petits graviers. Puis remplissez le terrarium de terre de bruyère mêlée de sable (environ quatre mesures de terre pour une de sable) et de quelques cailloux. Vous pouvez laisser le sol nu ou le planter. Dans ce cas, ayez soin de choisir des plantes qui ne réclament pas trop d'eau. Evitez surtout les plantes dangereuses pour le lapin, entre autres: datura, belladone, jusquiame, jonquille, colchique, ciguë, renoncule, aconit... D'autres plantes, en revanche, sont utilisées par le lapin pour se nourrir ou pour se soigner: thym, ail, romarin, menthe, pissenlit, serpolet...

Donnez au lapin quelques brins de paille, morceaux de journaux ou bouts de chiffon (ici aussi il faut un chiffon *non synthétique*) qu'il utilisera à sa guise pour s'y blottir. N'oubliez ni la mangeoire ni le récipient d'eau.

L'entretien du terrarium

Selon ce que vous y avez planté, l'endroit où vous l'avez mis, la température extérieure, etc., le terrarium a besoin d'être plus ou moins arrosé. Vous établirez la quantité quo-

Himalaya

tidienne d'eau à donner en procédant par tâtonnements. Mais n'oubliez pas que l'excès d'humidité est dangereux pour le lapin. La surface du sol doit toujours être sèche; éventuellement, il faudra sacrifier les plantes trop assoiffées au lapin.

L'animal vivant en terrarium est autant exposé aux infections que les autres : l'hygiène est tout aussi importante. Surveillez régulièrement le terrarium, ôtez les vieilles crottes, n'hésitez pas à arracher les plantes malades. Si la terre devient trop sale, il peut être nécessaire de vider entièrement le terrarium et de changer la terre. Si les cloisons ou le plancher sont en bois, vérifiez régulièrement qu'ils ne pourrissent pas.

Le terrarium planté est un milieu écologique dont l'équilibre dépend des êtres vivants qui l'occupent. Cet équilibre peut être très fragile. Si tout se passe bien, évitez de le briser en introduisant de nouvelles plantes, ou (éventuellement) d'autres animaux.

LA CAGE À L'EXTÉRIEUR

Vous pouvez préférer héberger votre lapin à l'extérieur. Cette solution ne présente aucun inconvénient, à condition de prendre quelques précautions supplémentaires. Il faut en effet lutter contre des conditions météorologiques plus dures et contre d'éventuels rôdeurs.

L'exposition

Evitez les coins sombres et humides, et en particulier l'exposition directe aux vents d'ouest, trop humides.

Pour protéger le lapin de la pluie, clouez une planche en saillie sur le toit et sur les côtés de la cage.

Evitez les endroits trop chauds; le soleil ne doit pas arriver directement sur la cage, sauf le soleil matinal, moins virulent. (Eventuellement, protégez la cage par un rideau d'arbres ou de buissons. S'il s'agit de lutter contre un été torride, placez un paravent devant la cage).

Pendant l'hiver, il peut être utile de protéger le lapin en mettant une toile devant la porte. Cette précaution est en tout cas indispensable pour une lapine qui accouche.

La construction

La cage doit être évidemment protégée des prédateurs : le couvercle est indispensable. Le mieux est de donner au lapin une habitation de style clapier, avec un couvercle plein et un grillage sur un des côtés.

La cage peut être construite en bois ou en ciment, mais le bois est préférable, car conduisant moins la chaleur, il est plus chaud. La partie extérieure sera peinte avec de la peinture à l'huile pour la protéger des intempéries.

Si vous préférez une cage de ciment, n'oubliez pas de donner au lapin une couche de paille suffisamment importante pour l'isoler du froid.

Le jardin

Il n'est pas question, bien sûr, de laisser votre lapin en liberté : il serait vite dévoré par un chat ou un autre animal. Mais lorsque vous êtes à ses côtés, vous pourrez l'autoriser à s'amuser dans un petit "jardin" entourant sa cage, d'où il ne se sauvera pas pour peu que vous ayez pris la précaution de l'entourer d'un grillage d'un mètre de haut, et enterré à cinquante centimètres de profondeur, de telle sorte qu'il ne puisse ni sauter, ni passer sous la clôture.

La cage extérieure sera garnie comme la cage d'appartement.

Enfin, n'oubliez pas que vos lapins peuvent être des animaux de prix. Si vous les laissez à l'extérieur, prenez vos précautions pour décourager les voleurs.

L'hygiène et les soins

Le lapin nain est un animal simple à élever. Seules quelques règles sont indispensables. Respectez-les scrupuleusement et vos animaux se développeront harmonieusement.

La propreté

Comme un jeune chat, le lapin peut être très facilement dressé à la propreté. Il suffit de ne pas le laisser sortir de sa caisse pendant les quinze premiers jours. Après cela, il urinera spontanément dans le bac à sciure. Par contre, il fera ses crottes à l'extérieur du bac. Ne les enlevez pas tout de suite. Il en mangera certaines (les crottes molles, dites "crottes de nuit") qui contiennent de la cellulose non absorbée et devant parcourir une deuxième fois le tube digestif pour être digérée.

L'entretien de la cage

La cage doit impérativement être tenue propre, sous peine de maladies (il y a en particulier un risque de coccidiose).

Lapin nain Silver Fox ou Renard argenté (*document: La Revue Avicole*)

La litière doit être changée au moins tous les deux jours. Les crottes doivent être enlevées, après avoir laissé le temps au lapin d'en manger quelques-unes.

Il faut désinfecter les cages à chaque fois que son occupant change. Il faut également les désinfecter si elles ont été habitées par des animaux malades.

On peut utiliser, selon ce dont on dispose, n'importe lequel des produits suivants :

— hypochlorite de soude diluée à 1 %
— eau de javel diluée à 10 %
— crésol à 4 %
— formol à 1 %

— sulfate de cuivre à 5 %
— sulfate de fer à 5 %
— ammoniaque à 5 %
— permanganate de potassium à 5 %

Les ammoniums quaternaires sont des produits qui diffusent bien dans le bois, mais qui sont peu efficaces dans les eaux "dures" ou calcaires.

Un problème particulier est celui de la désinfection en cas de coccidiose : les ookystes de coccidie sont très résistantes. La meilleure façon de les détruire est la stérilisation par la chaleur sèche. Pour les éventuelles parties métalliques de la cage, on a donc tout intérêt à utiliser le lance-flamme (lampe à souder); pour le reste de la cage, il faut passer une solution d'ammoniaque à 10 %. Dans ce cas, il faut bien aérer la cage avant d'y réintroduire des lapins, car l'ammoniaque peut provoquer des conjonctivites ou des coryzas. De toute façon il est si difficile de se débarrasser des ookystes, que le mieux, si vous avez eu un lapin atteint de coccidiose et si la cage n'est pas trop élaborée, est de jeter cette cage. Dans ce cas, n'omettez cependant pas de la désinfecter avant, pour ne pas favoriser la transmission de la maladie à d'autres animaux.

En cas de myxomatose dans une des cages, le meilleur produit est le formol à 1 %.

Le poil

Le lapin est propre, il n'a besoin d'aucun entretien. Il va même jusqu'à lécher son pelage, comme le font les chats. Mais si les enfants le désirent, ils peuvent très bien le shampooiner et brosser ses poils, à condition d'utiliser un shampooing très doux (pour bébés) et une brosse à poils fins et doux. Le brossage doit être très délicat, pour ne pas abîmer la peau du lapin. Le mieux, pour bien respecter le poil, est de brosser en commençant par le dos puis le cou, les flancs, le ventre et la poitrine, et de finir par les joues et les oreilles. Il faut toujours faire très attention aux organes sexuels et aux mamelles, qui sont très sensibles.

Si vous voulez que le pelage de votre lapin apparaisse éclatant et doux, donnez-lui un peu plus de grains ou d'avoine.

Les ongles

En définitive, avec la propreté de la cage, c'est le seul soin vraiment indispensable.

Les ongles des lapins poussent vite, d'autant plus vite qu'ils sont plus proches du lapin de garenne. Or le lapin nain, race issue de croisements récents, diffère peu de l'espèce sauvage. Animal domestique, il n'a pas l'occasion d'user ses ongles en creusant. Il risque donc de se blesser ou de blesser ses congénères.

Dès que le lapin est assez âgé (environ quinze mois), il faut lui tailler les ongles avec une pince à ongles, exactement comme on ferait à un bébé. L'opération doit ensuite être répétée tous les six mois.

Les dents

Le lapin n'est pas un rongeur, pourtant il ronge... en particulier les pieds des meubles, les chaussures de cuir et les fils du téléphone. Ne le laissez pas faire : un lapin se dresse. Mais il lui est indispensable de ronger pour user ses dents, à pousse continue. C'est pourquoi il a besoin d'une alimentation dure : paille ou feuillage. Si vous le nourrissez aux granulés, il s'en passera, mais à condition que vous lui donniez un morceau de bois. Il faut qu'il y en ait toujours au moins un dans sa cage. Vérifiez que celui que vous lui avez donné lui convient (dimensions, qualité du bois, etc.). S'il ne le ronge pas ; il faut lui donner un morceau de bois plus approprié.

Chez certains lapins, les incisives ne sont pas face à face

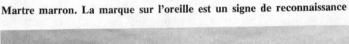

Martre marron. La marque sur l'oreille est un signe de reconnaissance

et elles ne peuvent s'user mutuellement. Il y a alors un grand risque de perforation du palais, donc danger de mort par infection. Il est alors indispensable d'user une fois par mois les dents du lapin avec une lime douce ou avec une pince coupante. Cette opération est indolore. Ce défaut doit être détecté le plus vite possible.

Les premières semaines, surveillez attentivement les dents de tout lapin nouvellement acheté ou de tout nouveau-né. Si vous voyez qu'elles divergent, qu'elles ne se joignent pas ou qu'elles se chevauchent, vous devez les limer. Sinon, vous êtes délivrés de ce souci.

Le calme

Aussi indispensable que la propreté! Le lapin est un des animaux les plus émotifs qui soient. La peur peut empêcher le sommeil, l'alimentation correcte, la coprophagie, et provoquer bien des troubles de santé.

Dans le même ordre d'idée, n'infligez pas trop de changements à votre lapin: ne bougez pas trop souvent sa cage de place, ne le confiez pas à des personnes qu'il ne connaît pas; lorsque vous changez son alimentation, faites-le progressivement.

Le transport

Ne transportez pas votre lapin pendu par les pattes arrières: il n'aime pas du tout cette position. Ne le saisissez pas non plus par les oreilles: vous risquez de briser le cartilage qui les maintient droites, d'arracher la peau qui les recouvre si vous les tenez trop près de la tête; de plus, vous faites pendre les intestins de l'animal, qui tirent sur le diaphragme, muscle principal de l'inspiration, la respiration devient alors très difficile pour le lapin.

La meilleure façon de le transporter consiste à le tenir par la peau du cou, s'il est jeune, du dos s'il est adulte. Si vous lui faites faire un long trajet, reposez-le sur votre bras ou, mieux, mettez-le dans un panier.

La société

Le lapin de garenne vit en familles unies. Le lapin nain est issu du croisement d'espèces proches du lapin de garenne et chez qui ce caractère est donc encore fort. Le lapin nain a besoin de compagnie : ses frères ou ses sœurs selon son sexe (et s'ils ne se battent pas, car il y a des individus agressifs dans toutes les espèces). Et s'il est tout seul, vous. Il ne suffit pas de le nourrir et de le soigner; comme tout être vivant, il a besoin d'amour (voir le chapitre "la vie en commun").

L'alimentation

Le lapin est un herbivore, donc facile à nourrir, ce qui ne veut pas dire qu'il se contente de déchets.

L'eau

C'est le premier point sur lequel il faut insister : contrairement à ce que l'on croit, le lapin a besoin de beaucoup d'eau, même celui qui est nourri de légumes et de verdure, à plus forte raison celui qui l'est de granulés tout préparés. L'abreuvoir, disposé dans un coin de la cage, doit toujours être plein. L'eau doit bien sûr être propre. C'est pourquoi le type d'abreuvoir le plus pratique est sans doute ces bouteilles retournées que l'on trouve dans le commerce et que l'on accroche à l'un des côtés de la cage : l'eau fournie à l'animal est toujours propre et le réservoir est suffisamment important pour que l'on n'ait pas à se préoccuper trop souvent du remplissage.

Les repas

Combien de repas peut-on donner chaque jour aux lapins ?

Entre un et trois selon votre emploi du temps, l'âge du lapin, etc. Le mieux est de leur donner deux repas par jour, un le matin et un le soir. Celui du soir sera plus important que celui du matin, car les lapins mangent surtout la nuit.

L'essentiel est, une fois qu'un horaire est fixé, de s'y tenir et de le changer le moins souvent possible: le lapin, comme les animaux et les jeunes enfants, tient à ses habitudes. Les repas doivent être distribués et consommés dans le calme. Afin de ne pas laisser les aliments se souiller et pour éviter la suralimentation, tous les aliments non consommés doivent être retirés de la cage au moins une fois par jour.

Enfin, il est utile d'insister sur la propreté des aliments.

Les besoins

La quantité de nourriture à donner varie selon les aliments, l'animal, la saison, etc. Elle sera trouvée par tâtonnements, et c'est le lapin lui-même qui décide: les animaux sont en effet munis d'un système leur permettant d'évaluer leur poids idéal et de manger en fonction de leurs besoins seulement: ni trop ni trop peu. (Il s'agit d'un système instinctif qui a disparu chez les humains, trop "intellectuels" et qui peut ne pas fonctionner dans de très rares cas de maladies psychiatriques chez des animaux domestiques).

Certains éléments sont indispensables:
— 20 % du poids des aliments doit être composé de protides;
— 10 % de cellulose;
— 5 % de lipides.

Les sels minéraux sont retrouvés en quantité largement suf-

Lapin nain de couleur Noir et Blanc. Cette race est caractérisée par un cercle blanc autour des yeux et des narines, des poils blancs sous la gorge, un triangle blanc derrière les oreilles et sur le cou, un ventre blanc qui a des nuances de noir sur les côtés et sur les membres fisante dans les végétaux et ne posent donc pas de problèmes de carence, même en ce qui concerne l'alimentation par granulés.

LES VITAMINES

Les vitamines, par contre, ne se retrouvent que dans les aliments frais et des carences peuvent apparaître chez les animaux exclusivement nourris de façon artificielle. Mais aucun problème ne devrait se poser chez les animaux qui mangent des aliments frais, même lorsqu'il ne s'agit que d'un complément à l'alimentation par granulés.

Rappelons que :

— la vitamine A se retrouve essentiellement dans les carottes, mais aussi dans le maïs, le foin, l'herbe verte. Un manque de vitamine A peut engendrer des troubles oculaires et ralentir la croissance. Il vaut mieux donc donner une dose importante de carottes aux femelles enceintes ;

— le manque de vitamine B provoque des paralysies et des convulsions. Vos animaux n'en souffriront pas si vous les laisser absorber leurs crottes molles ;

— les lapins, au contraire des humains, n'ont pas besoin de vitamine C, car leur organisme est capable de la synthétiser à partir de leur alimentation ;

— on connaît très mal l'action de la vitamine D chez les lapins ;

— l'absence de vitamine E provoque des troubles musculaires. Mais la vitamine E est présente en si grandes quantités dans l'alimentation courante qu'il n'y a pratiquement pas de carence. En revanche, les éleveurs ont étudié l'action de la vitamine E rajoutée à la nourriture chez des femelles : elles étaient devenues plus prolifiques, mais il fallait plus de saillies pour obtenir une mise bas. La vitamine E se trouve en grandes quantités dans les graines;

— la vitamine K est indispensable au cycle de la reproduction. Elle est présente en si grandes quantités dans la nourriture habituelle du lapin qu'il n'y a aucune possibilité de maladie par carence;

— la choline enfin est une substance que l'on retrouve dans

Lapin nain **Renard** argenté ou Silver Fox appartenant à l'élevage de M. Gallois. Cet exemplaire a obtenu le Grand Prix du Président de la République à l'exposition de Gueugnon (Saône-et-Loire) en 1980

de nombreux tissus animaux et végétaux. Elle peut manquer dans l'alimentation exclusivement par granulés, et provoquer de graves lésions du foie.

LES ALIMENTS ARTIFICIELS

Les granulés vendus dans le commerce conviennent parfaitement aux lapins. La dose à donner dépend de la marque et est précisée sur le paquet, en général, 20 à 30 g suffisent par jour.

Les granulés ne doivent pas être trop gros pour la bouche du lapin; ils doivent faire 5 à 8 cm de longueur, 3 à 4 cm de largeur.

Il est même indispensable qu'ils soient bien durs et ne s'effritent pas sous les doigts. D'abord pour limiter le gaspillage, ensuite parce que les lapins ont beaucoup plus de mal à les avaler s'ils ne peuvent pas les saisir, enfin parce que les granulés durs permettent d'user au moins un petit peu les dents.

La composition des granulés varie selon les marques: blé, avoine, orge, tourteaux de soja et de tournesol, déchets du traitement industriel des betteraves, etc. Il vaut mieux qu'il n'y ait pas plus de 40 % de luzerne en tout.

Les différents éléments sont généralement agglomérés par de la mélasse. Par égard pour les dents et pour la sveltesse de vos lapins, il ne faut pas qu'il y en ait plus de 6 %.

Certains granulés comprennent des farines de poisson. Généralement l'odeur en est désagréable aux lapins, qui les refusent.

L'alimentation aux granulés seuls peut convenir. Cependant, pour être sûr de ne pas causer de carence vitaminique, il vaut mieux y ajouter de toute façon un peu de paille et de verdure. On variera ces aliments naturels, pour éviter carences et manque d'appétit.

N'oubliez pas que le lapin boit deux fois plus lorsqu'il est nourri aux granulés.

LES ALIMENTS NATURELS

On peut également, si l'on préfère, nourrir le lapin avec les produits du potager ou des promenades campagnardes. Cette alimentation est un peu plus difficile à doser. Il faut savoir en particulier que la valeur nutritive des plantes varie selon les saisons et selon les conditions météorologiques.

Les aliments naturels ont plus de chances d'être souillés que les aliments artificiels; il faut donc les surveiller de très près.

Otez toujours soigneusement la terre qui pourrait rester sur les feuilles. S'il le faut, lavez les feuilles, puis faites-les sécher avant de les donner aux lapins.

Evitez les feuilles ayant été souillées par les pesticides. Ne cueillez pas non plus les plantes des bords des routes, qui ont été trop soumises aux poussières et aux gaz d'échappement.

N'utilisez jamais de plantes partiellement pourries, d'herbe fanée, de fourrage coupé plusieurs jours auparavant: dans tous ces cas, des champignons peuvent se développer sur les plantes et causer de graves ennuis à votre lapin s'il les mange. Pour la même raison, ne donnez pas aux lapins de plantes ayant gelé.

Enfin faites toujours sécher soigneusement toutes les plantes avant de les donner à vos animaux.

Les lapins que l'on nourrit de façon naturelle vivent de paille, de foin, de carottes, de feuilles séchées, de choux ou de radis, de betteraves potagères, de pain dur, de pommes de terre cuites (jamais crues), de blé, de maïs, de trèfle, de luzerne, de pissenlit... Le tout à doser en fonction de ce dont vous disposez et selon les goûts du lapin.

L'introduction de la verdure doit être prudente chez les lapins qui n'en ont pas eu pendant l'hiver ou chez les lapins que vous venez d'acheter. Il faut les y habituer très progressivement, en plusieurs semaines. Les doses de verdure doivent être augmentées petit à petit. Par contre, il faut provisoirement supprimer la verdure si notre petit lapin est atteint de diarrhée.

LES FRIANDISES

Petits cadeaux des enfants aux animaux, elles sont très appréciées... parfois trop, et il faut prendre garde à ne pas suralimenter le lapin.

Même si le lapin les aime, il vaut mieux ne donner qu'occasionnellement du fromage (trop gras), des bonbons (trop sucrés et risquant ainsi de provoquer des caries douloureuses) et du chocolat (qui peut être la cause d'un eczéma désagréable).

Par contre, rien n'empêche d'offrir aux lapins les plantes aromatiques et les feuilles qu'ils aiment : angélique, chicorée, aigremoine, chardon, morceaux de feuilles d'artichaut, thym, romarin, plantain, pissenlit, marjolaine, menthe, feuilles de vigne non traitées, feuilles et branchages de bouleau, d'orme, de merisier, de noisetier, de saule, d'aulne, de sorbier, de tilleul, de plantes.

Les plantes toxiques

Elles peuvent causer de graves troubles de digestion. Elles peuvent provoquer la mort des lapereaux, et même celle des adultes si elles sont ingérées en grandes quantités. Le lapin sauvage connaît ces plantes, mais pas le lapin domestique. Donc, si vous lui offrez un petit tour à la campagne et que vous le laissez galoper dans une prairie, prenez bien garde que les plantes suivantes ne s'y trouvent pas : aconit, anagallis, belladone, coquelicot, caroubier tendre, chêne vert et chêne rouvre, ciguë, colchique, datura, épilobe, jon-

Himalaya

quille, jusquiame, laurier rose, moutarde, olivier, pavot, peuplier, prêle, renoncule, sédum blanc et sédum brûlant, scrofulaire, stramoine.

L'ALIMENTATION DE LA FEMELLE GESTANTE ET DES PETITS

La grossesse et la mise bas sont des moments éprouvants pour la lapine. Son alimentation doit être particulièrement surveillée, tant au point de vue de la quantité qu'à celui de la quantité :
— pour éviter à la mère une trop grande fatigue;
— pour éviter les éventuelles malformations fœtales;
— pour assurer une bonne croissance aux nouveau-nés.
Plus la grossesse s'avance, plus la lapine a besoin de nutriments. Sa ration doit donc être progressivement augmentée; il est parfois nécessaire de lui donner trois repas par jour au lieu de deux, pour qu'elle profite mieux de ses aliments. L'équilibre de l'alimentation doit être plus que jamais surveillé :
— la proportion de protéines doit être augmentée;
— une des carences vitaminiques les plus fréquentes pendant la grossesse est une carence en vitamine A; les petits naissent avec une boîte crânienne atrophiée et leur cerveau ne peut donc se développer convenablement. On évite très facilement cela en donnant à la lapine de petites quantités d'herbe verte ou de carottes.
La lapine lactante aussi a besoin d'une ration alimentaire plus importante et plus riche. Elle a également besoin de beaucoup d'eau.
A l'époque du sevrage, la ration doit être doublée pour nourrir tous les petits. La proportion de protéines doit être

de 25 %. Puis, elle diminue progressivement, au fur et à mesure que la ration donnée à chaque jeune augmente. A trois mois, les lapereaux sont nourris comme les adultes.

Précisons que :

— les fèves crues ou bouillies sont conseillées aux femelles gestantes et allaitantes. Le maïs est par contre déconseillé;
— la betterave fraîche augmente la valeur nutritive du lait;
— le fenouil augmente la quantité de lait;
— les feuilles de soja peuvent provoquer des avortements;
— le persil tarit la sécrétion de lait.

La reproduction

Bien sûr, voir arriver des petits est un des événements les plus plaisants qui puisse arriver à l'ami des animaux. Les lapins nains conviennent plus à l'amateur que les rongeurs (hamsters, souris, etc.) car les portées sont très réduites. Pour peu que l'on veille à isoler mâles et femelles, il n'y a pas de risques de se retrouver envahi d'animaux difficiles à placer. La naissance est un événement simple, mais qui se prépare avec sérieux.

L'accouplement

Les lapins peuvent procréer dès l'âge de six mois pour les femelles, sept pour les mâles. Des animaux plus jeunes peuvent également procréer, mais au risque de voir leur croissance ralentie.

Les animaux choisis doivent être en bonne santé et de bon aspect. Il faut plus particulièrement faire attention à la santé de la femelle, car la gestation, l'accouchement et l'allaitement sont de dures épreuves qui peuvent se terminer très mal si la lapine n'est pas assez forte pour les supporter.

La lapine n'est en chaleur que très peu de temps: pas plus

Hermine

d'un à deux jours par mois. On reconnaît ce moment au comportement de la lapine : elle est très agitée, circule dans la cage en gardant la tête au sol et en levant le bassin, elle manque d'appétit. Le signe essentiel, évident pour qui sait le reconnaître, est une rougeur et une tuméfaction de la vulve.

L'accouplement se fera plus facilement si l'on met les animaux en présence le matin ou le soir : les lapins sont plutôt paresseux en début d'après-midi. Les accouplements les plus prolifiques ont lieu au printemps; par contre, si les animaux sont en période de mue, l'échec est presque fatal. Enfin, si vous tenez à la petitesse des oreilles de vos lapins, sachez qu'il vaut mieux dans ce cas faire naître les petits en hiver, quand la température est basse.

Il faut mettre la femelle dans la cage du mâle plutôt que l'inverse (sinon la femelle accueillerait le mâle comme un étranger et pourrait réagir de façon agressive). Si l'on est obligé de laisser les animaux dans la cage de la femelle, on peut l'exciter et diminuer son agressivité en y mettant, une heure avant le rendez-vous, un peu de la litière du mâle.

L'accouplement a lieu très vite. Généralement, un seul suffit. Lorsqu'il a eu lieu, le mâle pousse un cri caractéristique et tombe sur le côté, épuisé.

On laisse généralement les animaux ensemble une heure. Si l'accouplement semble difficile, on peut les laisser en présence jusqu'à quatre ou cinq heures de suite. Si l'on pense que l'accouplement n'a pas eu lieu, ou qu'il a été inefficace, il vaut mieux attendre et remettre la tentative au lendemain, voire à deux jours plus tard, pour ne pas fatiguer exagérément le mâle.

La femelle peut être fécondée à nouveau un mois après le

sevrage de ses petits; mais il faut toujours être sûr que la lapine a bien récupéré, et en particulier qu'elle a retrouvé son poids initial. A l'âge de quatre ou cinq ans, une lapine devient trop vieille pour porter des petits.

Si vous avez beaucoup de lapins et envisagez d'en avoir plus encore, sachez qu'un même mâle suffit à une dizaine de femelles, qu'il peut en saillir trois par jour pendant trois à quatre jours, mais qu'il a ensuite besoin de quelques jours de repos avant d'éventuellement recommencer. Comme la femelle, au bout de quatre à cinq ans, il est trop vieux pour continuer sans dangers pour sa santé.

La gestation

On reconnaît qu'une femelle est gestante à son comportement : va-et-vient incessant dans la cage, rassemblement de matériaux pour la confection d'un nid, lourdeur de la démarche. Cependant, certaines lapines peuvent présenter ces signes sans être enceintes.

Vers le quinzième jour, en palpant très doucement le ventre de la lapine, on peut sentir des petites boules d'environ un centimètre de diamètre : les embryons. De plus, les mamelles de la lapine sont lourdes et gonflées.

Si un doute subsiste, remettez-la en présence du mâle : une lapine pleine le refusera systématiquement.

La gestation dure entre vingt-huit et trente-quatre jours.

Une semaine avant la mise bas, on donne à la lapine suffisamment de paille ou de lambeaux de tissus non synthétiques (mais jamais de papier journal ni de copeaux) pour qu'elle aménage un nid à sa convenance. Elle complètera

Siamois nains

ce nid avec des poils qu'elle arrachera de son ventre, ce qui dégage bien les mamelles.

A partir de ce moment, elle a besoin de beaucoup d'eau, à la fois pour éviter l'apparition de fièvre et pour favoriser la montée du lait.

L'alimentation de la lapine gestante doit être plus élaborée qu'auparavant (voir le chapitre "alimentation").

La mise bas

Quand la mise bas approche, la femelle reste couchée, apathique; elle peut refuser toute nourriture pendant un jour ou deux.

Les lapins nains sont, nous l'avons dit, peu prolifiques. Les portées ne dépassent pas trois à cinq petits; très souvent, elles sont mêmes limitées à deux.

Fréquemment, la première naissance se passe mal: avortements ou morts-nés... Mais la seconde a toutes les chances d'être normale. La mise bas, doit toujours se dérouler dans le plus grand calme.

Les petits naissent l'un après l'autre, soit par la tête, soit par l'extrémité postérieure. La durée totale de la mise bas ne doit pas dépasser quatre à cinq heures. La mère débarrasse ses petits de leurs enveloppes fœtales, puis les lèche et leur donne leur première tétée. Elle les enveloppe chaudement dans le nid. Puis elle nettoie ses organes génitaux et le sol de la cage, va boire et manger (encore que certaines lapines refusent de s'alimenter pendant les quelques jours qui suivent l'accouchement).

Les nouveau-nés sont aveugles et nus. Ils ne peuvent pas bouger beaucoup. Ils sont donc entièrement dépendants de la mère et du nid: ils mourront de froid s'ils restent trop longtemps dehors. La mère ne les ramassera pas si pour une raison ou pour une autre ils se retrouvent hors du nid.

La mère vit sa vie dans la cage et ne pénètre dans le nid que deux fois par jour, le matin et le soir pour allaiter ses petits: elle leur présente ses mamelles et eux se traînent sur le dos pour téter.

Il faut réfréner votre envie de contempler la nouvelle famille: les lapines reconnaissent leurs petits à l'odorat; si une lapine détecte sur ses petits une odeur étrangère, elle les abandonnera. Il faut attendre deux ou trois jours que les lapereaux soient bien imprégnés de l'odeur de leur mère et de celle du nid pour pouvoir sans risques inspecter la nichée; même dans ce cas, on recommande de se frotter préalablement les mains avec du thym ou de la menthe, ou avec n'importe quelle autre plante odoriférante. Pendant l'inspection du nid, on ôtera la femelle de la cage. Quand on l'y remettra, on lui donnera une friandise ou un jouet pour détourner son attention du nid, le temps que les lapereaux retrouvent leur odeur initiale.

Cette règle ne souffre que deux exceptions; il faut inspecter le nid tout de suite après la naissance :

— en été, car le corps d'un éventuel mort-né pourrait, en se décomposant, mettre en danger la vie des autres nouveau-nés;

— en cas d'adoption (voir plus loin).

La mère accueille le plus souvent très bien ses petits. Mais il arrive parfois qu'elle les rejette ou qu'elle les dévore. Si ces comportements sont accidentels, il peut s'agir d'un trouble de santé. S'ils se répètent malgré tout à chaque portée, c'est que la lapine est à tout jamais une mauvaise mère, et il vaut mieux renoncer à lui faire avoir des petits.

Une mère peut dévorer ses petits parce qu'elle souffre d'une carence en vitamine E. Elle sera très facilement traitée soit par des solutions vitaminées, soit par de l'avoine.

La femelle est à nouveau en chaleur dès qu'elle a accouché. Il ne faut surtout pas qu'elle soit à nouveau en contact avec un mâle, car elle risque de se désintéresser de ses petits et de les dévorer.

Enfin, une lapine qui a souffert ou qui a été effrayée lors de la mise bas abandonne ses petits. On n'insistera jamais assez sur le calme indispensable à la naissance : la timidité et la crainte des lapins s'accroissent à l'extrême pendant l'accouchement : le moindre bruit, le moindre mouvement insolite suffisent à terroriser la lapine et à la dégoûter de ses petits, (certains éleveurs calment leurs lapines en leur jouant de la musique douce... pourquoi pas?).

L'adoption

En cas de naissances simultanées et déséquilibrées (portée trop nombreuse d'un côté, très réduite de l'autre), on peut répartir la charge en enlevant quelques lapereaux de la portée la plus nombreuse pour les donner à l'autre mère. Il faut le faire le plus vite possible après la naissance et en prenant toutes les précautions pour ne pas laisser d'odeur humaine sur les petits.

L'adoption est également utilisée sur une grande échelle par des éleveurs qui confient systématiquement les bébés nains à des nourrices d'une race plus grosse, et qui ont donc plus de lait.

Les petits

Il arrive assez souvent chez les lapins nains que la portée soit hétérogène : un des jeunes est beaucoup plus gros et développé que le ou les autre(s). Cette différence persistera tout au long de la vie des lapins; mais si les parents sont de race pure, leurs petits-enfants seront normaux, c'est-à-dire nains.

Les nouveau-nés sont, nous l'avons dit, totalement désarmés. Mais ils grandissent très vite:
- à six jours, ils ont un pelage;
- à dix jours, ils ouvrent les yeux;
- vers vingt jours, ils quittent le nid. Ils commencent dès ce moment à s'alimenter comme leur mère. Il faut doubler la ration alimentaire, de façon à nourrir toute la famille;
- à un mois, les lapereaux sont sevrés, et on peut les séparer de leur mère. Mais il vaut mieux les laisser avec elle encore un mois pour bien ménager la transition;

Martre brun

— à trois mois, les petits muent et acquièrent leur pelage définitif. Ils sont alors fragiles et sujets à la diarrhée. Il vaut mieux dès ce moment séparer les mâles des femelles;

— à six mois, les lapins entament leur vie de jeunes adultes. A cet âge, il vaut mieux isoler les mâles, qui pourraient se battre entre eux.

Le sexe des petits est reconnaissable un mois après la naissance : il faut prendre le lapin sur ses genoux, écarter doucement ses pattes postérieures et presser doucement son bas ventre avec les pouces : les organes génitaux du mâle apparaîtront.

La vie en commun

Pourquoi acheter un lapin nain plutôt qu'un hamster, une souris blanche ou une tortue? Pour deux raisons:
1. Le lapin, surtout nain, est mignon et attirant.
2. Il est sociable, intelligent, joueur. Vous vous en apercevrez vite. C'est ce caractère qui va nous intéresser dans ce chapitre.

Le lapin nain est un animal sociable, plus que l'ensemble des lapins de taille normale. Il aime la compagnie et les caresses. Il se laissera très vite apprivoiser, pour peu que vous preniez la précaution de l'aborder dans le calme.

C'est un animal intelligent. Nous avons vu qu'il pouvait être dressé à faire ses besoins dans un bac à sciure (voir le chapitre "hygiène et soins"). Il peut également être dressé à un certain nombre de jeux et de tours qu'il accomplira pour le plaisir d'être avec vous et pour la friandise qui le récompensera.

Laissez-le sortir de sa cage le plus souvent possible. Si aucun danger ne le menace, laissez-le courir en liberté dans la pièce. Le plus souvent possible (s'il est assez apprivoisé pour ne pas se sauver), emmenez-le à la campagne et laissez-le gambader sur une prairie (cependant, sachez qu'un lapin domestique reconnaît moins bien les herbes dangereu-

Lapin nain **Noir et Blanc**

ses qu'un lapin sauvage. Ne le laissez pas s'ébattre dans un pré où vous avez vu des plantes toxiques).

Emmenez votre lapin avec vous en promenade, au fond d'une poche ou dans un panier. Prenez-le sur vos genoux, lorsque vous êtes assis : il appréciera autant que vous.

Offrez-lui des jouets : une petite balle en caoutchouc, un morceau de bois, une pelote de laine... Il jouera avec comme un chaton, en les poussant à travers toute la pièce.

Vous apprendrez vite à vous connaître l'un l'autre. Bientôt vous saurez quels sont ses goûts et ses jeux préférés, et lui saura quels sont les moments les plus favorables pour venir mendier une caresse.

Avertissement

Si le lapin nain est un bon compagnon de jeux, *ce n'est pas un jouet!* Manipulez-le toujours le plus doucement possible. Ne l'exposez pas à des expériences terrifiantes qui le traumatiseraient. Respectez ses besoins, ne l'empêchez jamais de boire, de manger ou de dormir s'il en manifeste l'envie.

La santé

Les lapins sont des animaux résistants mais, pas plus que les hommes, ils ne sont à l'abri des maladies. Trop souvent, celles-ci surviennent à cause d'une mauvaise hygiène et d'un manque de soins.

Un animal malade doit être montré au vétérinaire. Les diagnostics hasardeux et les traitements inadéquats sont parfois plus dangereux pour les animaux que la maladie elle-même. Les lapins nains, élevés en appartement, sont bien plus à l'abri des maladies que les lapins de clapier. Mais comme eux, ils sont très sensibles à la contagion. Tout animal malade doit *immédiatement* être isolé, de même que les lapins qui étaient dans la même caisse que lui. Toute cage, ou caisse, ayant contenu des animaux malades doit être soigneusement désinfectée aux ammoniums quaternaires.

Comment reconnaître un lapin malade?

Le lapin malade a un comportement anormal: il est triste, apathique, il se déplace peu, il manque d'appétit. Il boit beaucoup. Son poil est terne, son regard éteint.
Si vous pensez que votre lapin présente un de ces signes,

procédez méthodiquement pour dépister les symptômes de son éventuelle maladie :

— en observant bien le lapin, vous rechercherez des poils qui tombent ou des croûtes, une diarrhée, des pupilles dilatées ou au contraire anormalement fermées;

— vous palperez doucement son ventre en guettant des nodosités, des tumeurs, des endroits douloureux;

— certaines odeurs peuvent apparaître en fonction des maladies, et sont témoins de l'évolution.

Les maladies peuvent être causées par des éléments vivants (bactéries, virus, parasites), par un ensemble varié de causes (froid, changement de saisons, humidité, toxiques divers, manque de vitamines). Enfin, certaines affections ne sont pas à proprement parler des maladies mais des malformations congénitales. A chaque type d'atteinte correspond un mode particulier de traitement et de prévention.

Les maladies infectieuses peuvent être, comme nous venons de le dire, bactériennes, virales ou parasitaires. Certaines peuvent être dangereuses pour l'homme, surtout pour les jeunes enfants, et il convient de se renseigner. Cependant certaines, qui portent le même nom que des affections humaines, peuvent être dues à des germes propres au lapin et non dangereuses pour l'homme; par exemple la syphilis, bien que se manifestant de la même façon, chez l'homme et chez le lapin, est due à deux germes différents. La syphilis du lapin n'est donc par contagieuse pour l'homme.

Les maladies de la digestion

Ce sont les plus fréquentes chez les lapins : la longueur de leur tube digestif le rend sensible et fragile. C'est pourquoi il est parfois assez difficile de trouver la cause des troubles. Certaines maladies sont parfaitement définies : elles sont toujours provoquées par les mêmes causes et se manifestent toujours de la même façon. Mais le plus souvent, on ne peut pas trouver de cause unique mais un ensemble de facteurs qui s'imbriquent.

Les jeunes lapins sont plus sensibles que les adultes aux problèmes digestifs.

LES MALADIES DÉFINIES

Elles sont très nombreuses, mais peu fréquentes, et surtout difficiles à reconnaître pour qui n'est pas vétérinaire ou éleveur averti. Nous n'en citerons que trois : *la coccidiose, la cénurose et la cystercose*, dont la première, est certainement la plus à craindre pour les lapins citadins, loin devant *la myxomatose*.

Ces trois maladies sont causées par des parasites qui s'installent dans le tube digestif du lapin, détournent à leur profit les aliments qu'ils ingèrent, et détruisent les tissus où ils s'implantent.

Il est important de bien connaître le cycle de reproduction de ces parasites pour comprendre la gravité de la maladie. Dans le cas de la *cénurose* ou de la *cystercose*, les parasites doivent passer par d'autres formes vivantes (intestin du chien, petits mollusques des rivières) pour pouvoir s'adapter au tube digestif du lapin : le lapin ne peut s'infester qu'en mangeant des aliments souillés.

Le cas de la *coccidiose* est différent: une fois qu'il a avalé les premiers œufs, le lapin se réinfeste lui-même en avalant les nouveaux œufs contenus dans ses crottes; le nombre de parasites présents dans le tube digestif augmente sans arrêt et il n'y a pas de guérison possible sans traitement; c'est une des raisons pour laquelle la coccidiose est une maladie grave.

LA COCCIDIOSE

La coccidiose est causée par des parasites qui s'installent, selon l'espèce, soit dans les canaux biliaires soit dans le tube digestif des lapins, en y causant des lésions diverses.

Lapin nain Silver Fox (*document: La Revue Avicole*)

Le cycle de reproduction de ces protozoaires est complexe : les œufs sont éjectés dans les selles. Il se retrouvent donc sur le sol de la cage, prêts à être ingérés et à infester un autre lapin, ou bien à réinfester le même lapin. (Il est donc évident que la coprophagie ne peut que favoriser la transmission de la coccidiose.)

Ces œufs, appelés "ookystes", sont recouverts d'une épaisse couche protectrice et résistent à pratiquement tous les traitements désinfectants connus (pour isoler les ookystes de coccidies des autres parasites que l'on aurait pu ramasser avec eux sur le sol de la cage, les biologistes les font barboter dans un bain d'eau de javel ou d'acide sulfurique : rien n'y résiste, sauf les ookystes qui gardent intactes leurs capacités de prolifération !). C'est pourquoi la coccidiose est une maladie à la fois très contagieuse et très difficile à juguler (voir le chapitre "hygiène et soins").

Il y a deux sortes de coccidiose selon l'espèce du parasite :
— la coccidiose digestive, causée par un protozoaire appelé *Eimeria Perforans*;
— la coccidiose hépatique, causée par un protozoaire voisin : *Emeria Stiedae*.

La coccidiose digestive

Il y a très souvent des coccidies vivantes dans le tube digestif des lapins. La plupart du temps, elles n'entraînent aucun trouble. Mais si elles viennent à se multiplier en trop grande quantité, la maladie éclate. Les animaux se multiplient dans les organismes faibles, c'est-à-dire soit les adultes fatigués pour une raison ou pour une autre (stress, mauvaise alimentation, autre maladie), soit les jeunes, qui ont moins de défenses naturelles. La coccidiose est donc une maladie qui touche généralement les jeunes lapins (âgés de trois à cinq semaines) et qui se transmet généralement par les adultes (très souvent, en particulier, de la mère aux petits par l'intermédiaire du lait).

Le protozoaire se multiplie dans l'intestin et y crée des lésions le plus souvent irréversibles. Si l'animal ne meurt pas, il garde des cicatrices qui peuvent favoriser l'apparition d'autres maladies digestives.

Le lapin malade perd l'appétit. Son poil devient terne, il maigrit. Si c'est un jeune, sa croissance s'interrompt. La diarrhée est très fréquente, mais on ne la retrouve pas dans tous les cas. Elle est parfois sanguinolente. Le ventre est gonflé, ballonné. Si on soulève le lapin, on entend un gargouillement. Parfois des paralysies s'installent. Chez le jeune, la mort peut survenir en quelques jours.

Il faut immédiatement arrêter de donner de la verdure à manger aux malades. Le traitement consiste à donner de la *nivaquine*, de la *quinanine*, de la *phénothiazine* ou de l'*huile thymolée*. Si un lapin tombe malade, il faut soigner tous les autres, et prendre toutes les précautions d'hygiène pour ne pas transmettre la maladie d'une cage à une autre.

Le traitement préventif est malheureusement peu efficace, le plus sûr est de respecter scrupuleusement les règles d'hygiène. Si vous craignez pour vos lapins, ou si la coccidiose est signalée dans le voisinage, vous pouvez les traiter :

— soit en leur donnant de l'*Eleudron* : un comprimé par jour pendant trois jours de suite chaque mois ;

— soit en leur donnant de l'*huile thymolée à 5 %* : une cuillerée à soupe chaque jour pendant trois jours, dose à répéter une ou deux fois par an.

Siamois nain, mâle, appartenant à l'élevage de M. Gallois. Prix d'Honneur Bar/Seine. Prix d'Honneur Mâcon

Les médicaments doivent être mélangés à la nourriture ou à l'eau de boisson.

La coccidiose hépatique

Dans ce cas, le parasite est légèrement différent et il se fixe dans les canaux biliaires au lieu de se fixer dans l'intestin. L'animal malade présente les mêmes signes que celui qui souffre de coccidiose digestive, avec en plus une coloration jaune des muqueuses (intérieur de la bouche, de l'anus).

La maladie est moins souvent mortelle pour les jeunes lapins, mais tout aussi contagieuse.

Le traitement est le même. Le traitement préventif est plus efficace que dans le cas de la coccidiose intestinale.

La cénurose

Cette maladie est causée par un ver, *le cénure*, qui est également un parasite du chien. Les lapins s'infestent en consommant des aliments souillés d'excréments canins.
Il y a deux sortes de cénuroses:
— la cénurose corporelle;
— la cénurose cérébrale.

La cénurose corporelle

Le parasite ingéré traverse la paroi de l'intestin et se développe dans la peau et dans les muscles. Des vésicules molles se forment sur le corps du lapin, particulièrement sur les pattes et sur le cou. Elles contiennent un liquide clair où baignent les larves du ver. On les perce avec une aiguille, puis on y injecte de l'huile camphrée. Le lapin maigrit beaucoup.

La cénurose cérébrale

Dans ce cas, c'est à l'intérieur du cerveau que la larve se développe. Les troubles observés sont très variés. Il n'y a pas de traitement possible.

La cystercose

Cette maladie est causée par un ver (*tænia*) parasite à la fois du lapin et du chien. Les lapins s'infestent en mangeant des aliments accidentellement souillés par des chiens. Les animaux avalés se développent dans l'intestin et dans le foie où ils creusent de longs tunnels. Le malade présente peu de signes, sinon une maigreur persistante contrastant avec un appétit normal.

Cette maladie est fréquente mais elle n'est pas grave. Elle peut être soignée par 0,10 g d'extrait de fougère mâle chaque jour pendant une semaine.

LES MALADIES À CAUSES MULTIPLES

L'ENTÉRITE MUCOÏDE

C'est une maladie qui frappe essentiellement les lapereaux (de trois mois à un an). Les lapins atteints ont un gros ventre. Ils présentent une diarrhée blanchâtre, gélatineuse, parfois sanglante.

La plupart du temps, il s'agit d'une mauvaise adaptation à l'alimentation ou de l'ingestion d'aliments avariés (qu'il s'agisse d'une alimentation naturelle ou d'une alimentation par granulés). L'irritation du tube digestif perturbe les glandes digestives, qui se mettent à sécréter du mucus en quantité exagérée.

D'autres facteurs favorisent l'installation de l'entérite mucoïde: un parasitisme latent, d'anciennes lésions du tube digestif (coccidiose), etc.

Il faut changer la nourriture du lapin, lui donner de la cellulose sous forme de son ou d'orge écrasée dans du lait, très peu de verdure, jamais de choux.

Les lapereaux atteints sont très souvent déshydratés. Donnez-leur beaucoup d'eau.

L'entérotoxémie

Cette maladie frappe les lapins adultes aussi bien que les lapereaux. Elle est due à un excès de protéines par rapport à l'eau absorbée.

Les lapins atteints, apparemment en très bonne santé la veille, sont retrouvés morts le matin. Leur ventre est gonflé de gaz. Leur corps pourrit très vite. Si la maladie évolue plus lentement, on constate alors une constipation.

Le traitement consiste à donner de l'eau vinaigrée en quantité suffisante (vérifiez que le lapin utilise convenablement l'abreuvoir: parfois il ne sait pas s'en servir.) Il faut rajouter de la cellulose à l'alimentation, mais plutôt sous forme de paille que de verdure. Si l'animal est constipé, on peut faire un lavement à l'eau tiède légèrement glycérinée. Enfin des antibiotiques peuvent être utiles.

Le météorisme

Le ventre est ballonné, très sonore. L'animal est triste et apathique.

Le météorisme est très souvent dû au passage trop rapide du régime sans verdure au régime avec verdure, parfois il s'agit de l'ingestion d'herbes mouillées: dans les deux cas, il s'agit d'herbe qui n'est pas digérée, qui stationne trop longtemps dans le tube digestif et qui y fermente en produisant des gaz qui distendent douloureusement les parois de l'intestin. L'animal peut en mourir.

Il faut immédiatement placer le lapin dans un endroit chaud et lui donner une demi-cuillerée à café de bicarbonate de soude diluée dans un peu d'eau ou de lait. Dès que l'animal va mieux, il faut le purger.

On évite le météorisme en ne donnant que de la verdure fraîche et sèche, et en passant progressivement d'un régime à l'autre.

La constipation

L'animal malade n'a plus d'appétit et est apathique. Son poil est rêche, son ventre est dur. Les selles sont rares, dures et petites.
La constipation est presque toujours due à un manque d'eau et de verdure.
Si la modification du régime ne suffit pas, il faut donner un peu d'huile de ricin.

La bave

Une bave visqueuse apparaît sur le museau du lapin. La plupart du temps, il s'agit d'une indigestion. Il faut laver le museau du lapin puis purger l'animal. Laissez-le à jeun pendant huit heures. Puis, jusqu'à ce que la sécrétion de bave soit finie, ne lui donnez que des aliments secs (pas de verdure). Augmentez la dose de cellulose (paille).

La diarrhée

C'est le trouble le plus fréquent chez le lapin. Il est toujours assez difficile d'en connaître la cause, puisque nous avons vu que de nombreuses maladies peuvent la provoquer. C'est pourquoi en cas de diarrhée chez un lapin, il faut *toujours* examiner soigneusement l'animal pour être sûr qu'il ne s'agit pas d'une maladie grave.

Toute cause d'inquiétude étant écartée, on peut considérer qu'il s'agit d'une maladie banale. Dans ce cas, les causes peuvent être variées; on peut mettre en cause:

— les conditions atmosphériques: le froid, la chaleur, l'orage, les changements brusques de température, l'excès d'humidité;

— l'émotion: le changement de cage, de mode de vie, d'alimentation, d'abreuvoir; et la peur qui peut être provoquée par d'autres animaux, par des bruits inexpliqués, par des manipulations brutales;

Lapin nain polonais aux yeux bleus à M. Gallois

— l'eau, lorsqu'elle est trop froide, en quantité insuffisante, lorsqu'elle est donnée de façon irrégulière.

La plupart du temps, cependant, il s'agit d'un excès de verdure, souillée ou non.

Le traitement est très simple: il faut laisser l'animal au chaud et au calme, changer la litière, supprimer toute verdure jusqu'à ce que la diarrhée se calme, puis la réintroduire progressivement. La plupart du temps, cela suffit.

N'oubliez pas de lui laisser de l'eau en quantité suffisante.

Les maladies de la reproduction

LA BLENNORRAGIE (OU GONORRHÉE)

Il s'agit de l'infection par des bactéries des organes sexuels appelées gonocoques. Cette maladie n'est transmissible que sexuellement. Les organes sont rouges, irrités. Il s'en écoule un pus jaunâtre.

Il faut appliquer sur les organes sexuels une solution de nitrate d'argent à 5 %, ou du bleu de méthylène, et donner des antibiotiques (sulfamides ou pénicilline).

Le danger de la gonorrhée (outre la contagiosité) est l'extension de la maladie à d'autres organes. Il est très fréquent, en particulier, que les yeux soient atteints (l'animal les frotte avec des pattes infectées). Il faut alors donner un collyre aux antibiotiques.

LA STÉRILITÉ

Une femelle qui refuse le mâle ou chez qui la saillie ne donne pas de résultats est étiquetée "stérile", parfois à tort. Son système hormonal peut en effet être momentanément déréglé par la chaleur (en été), par le manque de lumière (en hiver), par l'obésité. Egalement, l'ovulation peut ne pas se produire si les sécrétions émises par le mâle n'excitent pas la femelle. Dans ce cas, il vaut mieux tenter l'expérience avec un autre mâle.

LE CANNIBALISME

Il arrive que la mère dévore les nouveau-nés. Parfois, il s'agit d'une maladie psychiatrique (possible chez les animaux qui vivent en contact étroit avec les hommes). Mais le plus souvent la lapine souffre d'une carence alimentaire:
— soit elle est déshydratée et elle a tué ses petits pour boire leur sang;
— soit elle présente une avitaminose E. Il faut alors lui donner une alimentation diversifiée, et en particulier de l'avoine. On peut aussi réduire en poudre quelques comprimés polyvitaminés et les mêler aux aliments. Il ne faut pas donner plus de la valeur d'un comprimé par jour.
Si malgré tout cet accident se répète, il faut renoncer à faire avoir des petits à cette lapine.

LES AVORTEMENTS

Ils sont assez fréquents, surtout lors de la première grossesse. Il peut s'agir d'une malformation ou d'une maladie de l'appareil génital.
Mais parfois la cause est plus générale et peut plus facilement être traitée: stress, infections, avitaminose, etc.

Installez une lapine qui vient d'avorter dans un endroit chaud et tranquille. Donnez-lui une ration alimentaire un peu augmentée (la même que celle de la lapine allaitante). Pour arrêter la sécrétion de lait, donnez-lui quelques brins de persil.

LA SPIROCHÉTOSE OU SYPHILIS DU LAPIN

Elle est assez fréquente. Il s'agit également d'une maladie à propagation vénérienne. Elle est causée par un tréponème différent de celui qui provoque la syphilis humaine.

Au début, les sujets atteints semblent en bonne santé. Ce n'est qu'en les examinant attentivement qu'on remarque les petites tumeurs, les abcès et les ulcérations qui envahissent les organes sexuels. Parfois, il se forme un gros œdème qui rend toutes les parties sexuelles rouges, enflées et douloureuses. Dans un deuxième stade, la maladie se manifeste et l'on note le comportement habituel des lapins malades: apathie, manque d'appétit, diarrhée, etc. La maladie peut se manifester entre autre au niveau des paupières, des narines ou du cerveau.

La première chose à faire, bien sûr, est d'isoler le lapin malade. On traite par des antibiotiques que l'on mêle à l'alimentation. On enduit les parties atteintes de pommade au calomel, jusqu'à ce que les troubles cutanés aient disparu.

LES ABANDONS DE PORTÉE

Ils peuvent avoir de nombreuses causes. Les femelles malades ont tendance à ne pas s'occuper de leurs petits, quelque soit la maladie.

Les femelles en bonne santé peuvent faire de même si juste après la naissance elles ont souffert du froid, d'un manque d'eau, etc. Surtout il est très fréquent que les mères abandonnent leurs petits si elles ont été terrifiées par un mouvement ou par un bruit anormal pendant la mise bas. C'est pourquoi, on n'insistera jamais assez sur le calme indispensable aux femelles gestantes.

Les maladies respiratoires

Elles touchent surtout les lapins adultes. Elles se manifestent par de la toux, parfois des écoulements clairs ou purulents, des ronflements, etc.
Il y a deux sortes de maladies respiratoires: les unes sont bien définies et rares. Les autres sont très fréquentes mais leurs causes sont souvent mal connues.

LES MALADIES DÉFINIES

LA TUBERCULOSE

Elle peut être provoquée par un bacille humain, un bacille bovin ou un bacille aviaire. La plupart du temps en ce qui concerne le lapin, il s'agit d'un bacille bovin.
La maladie touche souvent les jeunes (elle est alors transmise par l'intermédiaire du lait maternel) ou les adultes vivants dans une atmosphère humide.
Elle est très peu caractéristique. Evoluant lentement, elle se

Martre brun, mâle, appartenant à M. Gallois

manifeste par une faiblesse générale, une apathie, une tristesse, puis de la diarrhée et des quintes de toux. Pour finir, le lapin meurt extrêmement maigre.

Comme la maladie n'est pratiquement jamais reconnue du vivant du lapin, aucun traitement n'est proposé.

La tuberculose est très rare chez le lapin. Nous ne l'avons citée que parce qu'il existe une possibilité de contamination humaine (lorsqu'il s'agit du *mycibacterium tuberculosis*, c'est-à-dire du bacille humain ou bacille de Koch).

LA PSEUDO-TUBERCULOSE

Elle est ainsi appelée parce que dans le corps des lapins

malades, on trouve des nodules qui ressemblent à ceux qui caractérisent la tuberculose. Pourtant, les deux maladies sont très différentes. La pseudo-tuberculose est causée par une autre bactérie : *Yersinia pseudo tuberculosis*. Les organes atteints sont le plus souvent le foie et la rate, mais aussi les poumons. La maladie est très lentement évolutive (plusieurs mois). Les lapins maigrissent, deviennent apathiques, perdent l'appétit, parfois une diarrhée s'installe.

On peut traiter par des antibiotiques (aminosides). Cette maladie est également transmissible à l'homme.

LES MALADIES FRÉQUENTES

Au contraire des précédentes, si leurs signes sont faciles à reconnaître, leurs causes peuvent être très nombreuses et très difficiles à établir.

LE CORYZA OU RHUME DU LAPIN

Le lapin malade éternue fréquemment. Sa respiration est parfois ronflante. Il sécrète une morve mousseuse et blanchâtre qu'il étale largement sur son poitrail lorsqu'il frotte son nez avec pattes. Il peut souffrir en même temps d'une sinusite ou d'une conjonctivite.

Les causes sont très variées. Il s'agit toujours d'une infection virale ou bactérienne, mais dont l'installation a été favorisée par le stress, des courants d'air, une atmosphère humide, un affaiblissement momentané dû à une maladie sous-jacente, une mise bas, etc.

Contrairement à ce que l'on pourrait penser, il s'agit chez le lapin d'une maladie grave :
— d'abord, parce que la cavité nasale du lapin est relativement étroite. La moindre inflammation, gonflant les muqueuses, suffit à l'obstruer presque totalement, rendant la respiration difficile;
— ensuite, parce qu'il y a toujours un risque de voir l'infection se transmettre aux poumons et déclencher une pneumonie;
— enfin parce que, comme toutes les maladies et selon l'âge du lapin atteint, le coryza peut perturber soit la croissance soit la reproduction.

Nain russe, mâle, appartenant à M. Gallois. Premier prix

Le traitement varie selon les causes. Si les sécrétions sont claires, on peut glisser dans les narines quelques gouttes d'Eleudron. Si les sécrétions sont purulentes, il faut traiter par antibiotiques.

D'une façon générale, le coryza est difficile à guérir à cause de l'anatomie particulière des fosses nasales du lapin. C'est pourquoi le mieux est de chercher à éviter son apparition respectant scrupuleusement les règles d'hygiène.

L'ANGINE

L'angine est une inflammation de la gorge. La plupart du temps, elle est due à une cause infectieuse et elle est favorisée par le froid, les courants d'air et l'humidité; parfois, elle est due à l'ingestion de graines ayant une barbe épineuse. Le plus souvent bénigne, elle peut être très rapidement mortelle quand la muqueuse de la gorge est assez gonflée pour empêcher le passage de l'air et asphyxier le lapin.

Il faut isoler l'animal malade, le mettre dans une cage chaude et sèche. On peut lui frictionner doucement le cou avec des pansements chauds alcoolisés, ou faire appliquer sur les zones irritées de la glycérine chaude à 50 %.

LA PNEUMONIE

Elle peut se présenter sous deux formes : la forme aiguë et la forme subaiguë.

Dans la forme aiguë

Le lapin reste prostré dans un coin de sa cage, refusant la

nourriture. Il a du mal à respirer, on peut entendre de la toux ou des ronflements. Ses yeux larmoient. Souvent, des abcès sous-cutanés ou des atteintes d'autres organes profonds (foie, rate, intestin) sont associés à la pneumonie. La mort peut survenir en quelques jours.

Dans la forme subaiguë

Le lapin semble apathique. Son poil est terne. Il peut avoir une respiration difficile, tousser ou ronfler mais, très souvent, il n'y a aucun signe respiratoire et il faut très bien connaître le lapin pour s'apercevoir qu'il est malade. Bien des animaux vivent des années ainsi; ils n'en sont pas moins dangereux:

Nain siamois appartenant à M. Gallois

— pour eux-mêmes, car la maladie peut se réveiller à la faveur de n'importe quel affaiblissement momentané et prendre une allure aiguë;

— pour les autres animaux, car les lapins atteints sont des porteurs de germes qui diffusent l'infection.

La pneumonie est due la plupart du temps à une infection bactérienne. Le germe en cause est le plus souvent une *pasteurella*. Il peut s'agir d'autres germes.

L'infection et l'installation de la maladie sont toujours favorisées par des facteurs extérieurs : le froid, le vent, la poussière, la chaleur (lorsque la température est supérieure à quatorze degrés), la grande densité de lapins dans un espace limité, le transport des lapins, etc. Cependant la plupart du temps, on met en cause les courants d'air ou bien encore l'humidité.

La pneumonie se guérit mieux que le coryza. S'il s'agit d'une *pasteurellose*, le traitement par les antibiotiques (streptomycine) est très efficace.

Si une épidémie est signalée dans les environs, il peut être utile de vacciner le lapin.

Mais là encore, le plus important est la prévention par le respect des règles d'hygiène.

Les tumeurs bénignes sous-cutanées

Nous avons rassemblé sous ce titre trois maladies dont le caractère commun est de provoquer des tumeurs, c'est-à-dire des indurations palpables du tissu sous-cutané. La forme, la taille, la disposition de ces tumeurs, les autres signes éventuellement présents chez le malade, la rapidité ou l'absence de transmission aux autres lapins, tout cela permet de faire la différence entre ces maladies.

Elles n'ont en effet rien de commun, puisque l'une, la cénurose, est causée par un parasite; une autre, la myxomatose, par un virus; les abcès sous-cutanés peuvent être causés par des bactéries très variées et pas toujours bien identifiées. Le traitement est par conséquent, dans chaque cas, bien différent.

LA CÉNUROSE

Il s'agit d'une maladie qui a été traitée dans le chapitre des maladies digestives parce que les lapins s'infestent en avalant des aliments souillés. Mais comme son principal caractère est de provoquer des boules palpables sous la peau, nous la citons à nouveau ici.

ABCÈS SOUS-CUTANÉ

Les abcès sont fréquents. Ils peuvent s'observer en différents endroits du corps. Il s'agit de boules dures, chaudes, douloureuses quand on les touche. On les recherche méthodiquement sur tout le corps du lapin en le palpant doucement. Parfois les abcès sont assez gros pour être vus.

L'animal atteint a perdu appétit et entrain, il est fatigué, amaigri.

Les abcès sont en fait des collections de pus, c'est-à-dire l'amas en un point déterminé du tissu sous-cutané de cadavres de globules blancs (cellules qui ont pour rôle de défendre l'organisme) et de micro-organismes: virus ou bactéries. Les abcès peuvent être isolés, c'est le simple signe d'une infection locale; ils peuvent aussi caractériser une maladie plus grave : septicémie, streptotricose, coryza infectieux, etc.

Pour les soigner il faut désinfecter la peau, inciser avec un matériel stérile, puis nettoyer avec des produits antiseptiques.

Il existe une maladie (*maladie des abcès*) où les abcès se mettent à proliférer sans que l'on sache pourquoi. On en retrouve sur la tête et sur la face externe des cuisses. Il en sort un pus blanc et crémeux. Les abcès ont ensuite tendance à se généraliser au reste du corps. La maladie progresse en plusieurs mois. Elle est très souvent mortelle. Le seul traitement possible, quand il y a peu d'abcès, est de les inciser et d'appliquer ensuite une pommade aux antibiotiques.

La maladie des abcès frappe le plus souvent des animaux fragiles (consanguins, ou mal soignés).

LA MYXOMATOSE

Elle est due à un virus, le virus de Sanarelli, découvert en 1897.

La forme classique de la maladie provoquait chez les animaux atteints un gonflement des paupières, puis un œdème des conjonctives, des muqueuses anales et génitales. La tête était déformée de façon caractéristique (aspect de tête de lion). Parfois les muqueuses du nez et de la trachée, gonflées, rendaient la respiration difficile. La mort survenait en une dizaine de jours. Les jeunes (moins d'un mois) étaient plus sensibles que les adultes.

La forme actuelle est plus atténuée. Elle évolue de façon chronique. On voit apparaître sur le corps du lapin des

Hermine

myxomes, c'est-à-dire des tumeurs sous-cutanées, dures, colorées en noir, ressemblant à des verrues. La plupart du temps, on les retrouve sur le nez et sur les oreilles, parfois sur le dos seulement. L'animal maigrit. Les organes sexuels peuvent être rouges, enflammés, douloureux. Le plus souvent, le lapin guérit tout seul, en un à deux mois. Les myxomes tombent en laissant des cicatrices foncées. Les lapins restent moins fertiles pendant plusieurs mois. Ils sont immunisés et n'attraperont plus la myxomatose.

Ce qui forme le grand danger de la myxomatose c'est son extrême contagiosité. Le virus se transmet de lapin à lapin par le biais des excréments, des urines, par le lait, par le contact sexuel, par les mains des personnes qui les soignent. Surtout, il se transmet d'élevage à élevage par les insectes (mouches, moustiques, puces, poux, tiques). C'est pourquoi en été, lorsque ces insectes sont nombreux, il faut protéger les cages en tendant des moustiquaires (morceaux de gaze) sur les ouvertures.

Le virus n'est pas détruit par le froid, mais par la chaleur sèche (55 °C). On peut également désinfecter les cages en utilisant une solution de formol à 1 %. Enfin, sachez que la maladie ne se développe pas au-dessus de 350 m d'altitude. Il n'y a pas de traitement possible. Par contre, on peut vacciner les lapins. On utilise un virus voisin du virus de Sanarelli. L'immunité est de courte durée puisque le vaccin doit être répété au minimum chaque année. Les lapins d'appartement ne risquent pas grand chose. Ne faites vacciner vos lapins que si le contact avec des mouches ou d'autres insectes est possible, et seulement si une épidémie est déclarée dans le voisinage.

On peut vacciner les femelles enceintes et les jeunes, mais, chez les lapereaux, l'immunité est de courte durée (quelques semaines).

Blessures et fractures

Il faut avant tout éviter ce qui peut les provoquer. Attention :
— aux grillages tapissant les cages, aux mangeoires où le lapin pourrait se coincer les pattes;
— aux mâles de plus de quatre mois qui vivent ensemble : souvent il n'y a aucun problème, mais certains peuvent se révéler agressifs;
— aux pointes de clous saillant dans les cages artisanales.
Les plaies doivent être d'abord nettoyées à l'eau (en particulier, ôtez les poils) puis à l'alcool. Celles qui sont trop étendues doivent être suturées.
Les fractures doivent être plâtrées par le vétérinaire.

Les parasites externes

LES TEIGNES

Ce sont des champignons qui s'installent sur la peau. Elles peuvent être localisées à la tête et aux pattes ou envahir tout le corps. Elles provoquent des plaques de dépilation circulaires.
Parfois le parasite provient d'un chien ou d'un chat. Il peut contaminer l'homme, c'est pourquoi, après chaque soin donné aux lapins, il faut se laver les mains. Le matériel utilisé

et les cages doivent être désinfectés aux ammoniums quaternaires.

Si le pharmacien ne possède pas de produits adéquats, on mélange 500 cc de Séquartyl à 10 % avec 5 cc de Sunoxol. Si l'on veut soigner des lésions déjà existantes, on dilue au 1/50ᵉ et on badigeonne les lésions trois jours de suite, puis huit jours après la dernière application.

Si les lésions sont généralisées, on dilue la solution au centième et on y plonge le lapin, en lui maintenant la tête hors du liquide. Il faut ensuite badigeonner la tête et les oreilles de solution au cinquantième, puis bien sécher le lapin et l'installer au calme et au chaud. Le bain doit être répété huit jours plus tard.

Si on veut empêcher les teignes d'envahir un lapin sain, on se contente de lui donner un seul bain dans une solution au centième.

LA GALE DE LA TÊTE ET DES PATTES

Elle est provoquée par des acariens qui s'installent sous la peau et y creusent des tunnels.

Il se forme des croûtes sur la peau et les poils tombent, surtout au niveau du nez, des lèvres, du menton, de la face plantaire des pattes et de la racine des griffes.

La contamination se fait directement de lapin à lapin ou par l'intermédiaire de la personne qui les soigne.

Il faut nettoyer les cages et désinfecter au crésyl à 1 %. Les lésions doivent être frottées avec une pommade anti-parasitaire. Si un seul lapin est atteint, il faut l'isoler et ne pas oublier de se nettoyer les mains quand on l'a soigné.

LA GALE DES OREILLES

C'est une localisation fréquente de la gale chez les lapins. Elle n'est pas causée par le même parasite, bien qu'il se comporte de la même façon que celui qui provoque la gale de la tête et des pattes, en creusant des galeries sous la peau. Les acariens de la gale commencent par creuser leurs galeries sous la peau du conduit auditif externe. Ils provoquent des démangeaisons dont le lapin essaie de se débarrasser en secouant la tête.

Les parasites peuvent ensuite envahir l'oreille moyenne puis

Mâle siamois clair

Lapin nain de couleur ¦

l'oreille interne et provoquer une otite purulente et des lésions nerveuses se manifestant par une perte de l'équilibre, une position inclinée de la tête, de la diarrhée, etc. C'est pourquoi il faut traiter le plus vite possible l'infection avant qu'elle ne se propage.

En employant un coton-tige, on nettoie l'intérieur des oreilles. Eventuellement, on ramollit les croûtes en les enduisant d'huile crésylée. Puis, on badigeonne les lésions de glycérine iodée ou de benzoate de benzyl.

La transmission du parasite se fait de la même façon: soit

de lapin à lapin, soit par le biais du soigneur; c'est pourquoi quand un seul lapin est malade, il faut l'isoler et prendre les mêmes précautions d'hygiène que celles décrites plus haut.

PUCES ET POUX

Il faut les rechercher sur le pelage de tout lapin qui se gratte. Il faut nettoyer les cages en pulvérisant du pyrèthre. On donne au lapin des bains contenant des produits insecticides. On peut également préparer un mélange d'un volume d'huile de lin pour un volume de pétrole et en badigeonner l'animal avec un morceau de coton. Il faut ensuite laver le lapin à l'eau chaude et au savon. (Comme dit plus haut, il faut alors prendre toutes ses précautions pour que le lapin n'attrape pas froid en sortant du bain).

Généralement, les parasites du lapin ne s'attaquent pas à l'homme, mais il peut arriver qu'ils se propagent aux autres animaux domestiques.

Où acheter votre lapin nain?

D'une façon générale, il est préférable de s'adresser directement à un éleveur, ce qui vous permettra de voir les parents, de vérifier leur petite taille et, dans l'ensemble, la bonne santé des animaux de l'élevage.

Vous pouvez vous renseigner auprès des organismes suivants:

SOCIETE CENTRALE D'AVICULTURE DE FRANCE
34, rue de Lille
75007 Paris

CLUB DU LAPIN NAIN
23, rue du Moutier
95300 Ennery

Ce club vous enverra, sur demande, une liste mise à jour des éleveurs et des commerçants recommandés dans votre région.

Vous pouvez également rencontrer les éleveurs lors des différentes expositions. La plus importante est celle du Salon de l'agriculture qui a lieu chaque année, à Paris, au printemps. D'autres manifestations se déroulent un peu partout en France, le club du lapin nain en publie la liste dans son bulletin.

Table des matières

*Achevé d'imprimer
en mars 1992
à Milan, Italie, sur les presses
de Grafiche Agel s.r.l.*

*Dépôt légal : mars 1992
Numéro d'éditeur : 2874*